T XING YUNZHIZAO ZIYUAN
YOUHUA PEIZHI JISHU

T型云制造资源优化配置技术

高洁 著

·北京·

内 容 简 介

本书以促进中小企业协同、提升中小企业智能化制造水平为目的，将云制造模式与服务科学的理念相结合，提出了 T 型云制造模式。本书针对 T 型云制造的运行机制及资源优化配置所涉及的评价模型及算法进行了详细介绍，内容涵盖 T 型云制造的提出背景、T 型云制造及信息模型、如何将物理资源映射为服务、服务组合的评价、T 型云制造模式下服务组合优化的算法和理论，以及算法在铸造行业的应用。内容前沿、系统性强，对中小企业的转型升级具有积极的推动作用。

本书适合中小企业工程技术人员和管理人员参考，也可供高等院校大数据、智能制造、管理等相关专业的师生阅读。

图书在版编目（CIP）数据

T 型云制造资源优化配置技术/高洁著．—北京：化学工业出版社，2023.11

ISBN 978-7-122-44308-3

Ⅰ.①T⋯　Ⅱ.①高⋯　Ⅲ.①计算机网络-应用-制造工业-资源配置-优化配置-研究　Ⅳ.①F407.4-39

中国国家版本馆 CIP 数据核字（2023）第 193196 号

责任编辑：金林茹　　　　　　　　　　文字编辑：吴开亮
责任校对：王　静　　　　　　　　　　装帧设计：王晓宇

出版发行：化学工业出版社（北京市东城区青年湖南街 13 号　邮政编码 100011）
印　　装：北京科印技术咨询服务有限公司数码印刷分部
710mm×1000mm　1/16　印张 8½　字数 147 千字　2024 年 3 月北京第 1 版第 1 次印刷

购书咨询：010-64518888　　　　　　　售后服务：010-64518899
网　　址：http://www.cip.com.cn
凡购买本书，如有缺损质量问题，本社销售中心负责调换。

定　　价：99.00 元　　　　　　　　　　　　　　　　版权所有　违者必究

前言

智能制造是实现"中国制造 2025"国家战略的重要抓手,是促进中国制造业向智能化转型,实现制造强国战略的主攻方向。制造企业向智能制造转型是目前制造业发展的重要趋势,但相对于我国巨大的企业基数,真正可实现智能化转型的企业数量很少,特别是中小企业。中小企业作为我国经济发展的生力军,是建设现代化经济体系、推动经济实现高质量发展的重要基础;但中小企业所持有的制造资源单一,技术支撑薄弱,制造活动简单,导致无法进行大规模且复杂的制造活动,难以向智能制造转型。伴随着网络信息技术的发展,云制造模式被提出,将各类企业的制造资源集中到云平台,通过资源优化配置,使企业以协同的方式共同完成复杂制造任务。但中小企业受限于自身经济与技术水平,实现云制造较为困难,并且由于资源优化配置方法的不同,对最终协同方案的效果影响很大。为此,本书针对中小企业适用的云制造模式及资源优化配置方法进行了详细的阐述。

本书主要内容如下:

第 1 章绪论。介绍我国制造业的发展趋势,叙述云制造的产生背景与内涵,提出中小企业实现云制造面临的问题,分析云制造及资源优化配置涉及的关键问题及现状。

第 2 章 T 型云制造模式及信息模型。面向中小企业提出基于服务科学理论的 T 型云制造模式;对 T 型云制造模式的架构、运行要素与运行机理进行阐述;建立关键信息描述模型并细化资源优化配置的流程信息。

第 3 章 T 型云制造模式下资源到服务映射。阐述 T 型云制造模式的纵向服务的获取方式,即根据具体元任务实现大量资源映射为相应服务集。依据任务特征及制造资源信息特点,提出 Dt-means 聚类算法,并对所提聚类方法中的关键概念、算法流程、算法实现进行详细论述,最后通过实验验证算法的有效性。

第 4 章 T 型云制造模式下服务组合评价。分析 T 型云制造模式下评价服务组合所需面临的问题,增加对 FoS 的评价,基于服务参数模糊性面向纵向服务优势提出 FEM 评价模型并阐述具体实现步骤;基于任务参数配置面向横向服务优势提出 PCEM 评价模型并阐述具体实现步骤。最后通过实验验证评价模型可行性。

第 5 章 T 型云制造模式下服务组合优化。研究资源优化配置的横向服务获取手段，即服务组合与优化。根据 T 型云制造模式下服务组合的特征与在优化过程中导致的问题，提出 MWFPA 算法。重新定义基因与花的概念，介绍 MWFPA 算法的主导思想与关键步骤，并展示具体优化过程。最后，通过实验验证算法的可行性。

第 6 章资源优化配置云平台开发。分析中小铸造企业现状，以铸造工业园为中小铸造企业集群代表，结合前面章节关于 T 型云制造模式的相关理论，设计并开发中小铸造企业协同平台，将本书理论方法予以实现。

本书在内容选择和结构层次编排方面考虑了理论和应用实践之间的层层递进关系。其中，第 1 章是综合背景介绍，第 2 章是基础知识，第 3～5 章是理论的介绍与验证，第 6 章将前面的理论应用到铸造行业中小企业中。

本书在编写过程中得到了许多老师与专家的支持，在此一并表示感谢。

由于笔者水平有限，书中的不妥之处在所难免，请广大读者予以批评指正。

高　洁
山西工程科技职业大学

目录

第1章 绪 论 001
1.1 云制造资源优化配置的背景和意义 001
1.2 云制造 002
1.2.1 云制造的概念及内涵 002
1.2.2 中小企业实现云制造面临的问题 004
1.3 基于云制造资源优化配置的关键问题及研究现状 004
1.3.1 云制造模式及信息模型 005
1.3.2 制造资源到服务的映射 006
1.3.3 服务组合评价 007
1.3.4 服务组合优化方法 009
1.4 本书内容和结构 010
1.4.1 本书内容 010
1.4.2 章节安排 012

第2章 T型云制造模式及信息模型 014
2.1 T型云制造模式 014
2.1.1 T型云制造模式的提出 014
2.1.2 T型云制造模式的架构 015
2.1.3 T型云制造模式的运行要素 016
2.1.4 T型云制造模式的运行机理 020
2.1.5 T型云制造模式的优势 021
2.2 关键信息模型 022
2.2.1 本体建模技术 022
2.2.2 信息建模分析 023
2.2.3 关键信息模型建立 024
2.2.4 资源优化配置的流程信息 027
2.3 本章小结 029

第3章 T型云制造模式下资源到服务映射

3.1 资源到服务映射的理论基础
3.1.1 资源到服务映射描述
3.1.2 聚类的基本理论
3.1.3 k-means 算法的实现过程
3.2 T型云制造模式下聚类实现制造资源到服务映射存在问题分析
3.3 基于 Dt-means 算法的资源到服务映射方法
3.3.1 Dt-means 算法的主导思想
3.3.2 Dt-means 算法的关键概念
3.3.3 Dt-means 算法实现资源到服务的映射流程
3.4 基于 Dt-means 算法资源到服务映射的验证
3.4.1 实验数据集选择及设置
3.4.2 实验结果分析
3.5 本章小结

第4章 T型云制造模式下服务组合评价

4.1 服务组合评价理论基础
4.1.1 服务组合评价描述
4.1.2 模糊数
4.1.3 理想解法
4.1.4 灰色关联法
4.2 T型云制造模式下服务组合评价存在问题分析
4.2.1 服务属性类型的多样化与不同表述
4.2.2 任务参数配置的制造性未重视
4.3 面向T型结构不同维度的服务组合评价模型
4.3.1 面向纵向服务优势的 FEM 评价模型
4.3.2 面向横向服务优势的 PCEM 评价模型
4.4 服务组合评价模型的验证
4.4.1 实验设置及案例选择
4.4.2 FEM 评价模型验证结果分析

  4.4.3 PCEM 评价模型验证结果分析 ·················· 075
 4.5 本章小结 ·· 078

第 5 章 T 型云制造模式下服务组合优化 ·················· 079
 5.1 服务组合优化方法理论基础 ································ 079
  5.1.1 服务组合优化描述 ···································· 079
  5.1.2 FPA 算法基础理论 ···································· 079
 5.2 T 型云制造模式下进化算法实现服务组合优化存在问题分析 ·············· 082
 5.3 基于 MWFPA 算法的组合优化方法 ···················· 084
  5.3.1 组合优化过程中的相关定义 ······················ 084
  5.3.2 MWFPA 算法的主导思想 ·························· 084
  5.3.3 MWFPA 算法的关键步骤 ·························· 086
  5.3.4 基于 MWFPA 算法的服务组合优化过程 ····· 087
 5.4 基于 MWFPA 算法资源优化配置的验证 ············· 089
  5.4.1 实验设置及案例选择 ································ 089
  5.4.2 实验结果分析 ··· 089
 5.5 本章小结 ·· 100

第 6 章 资源优化配置云平台开发 ·················· 101
 6.1 中小铸造企业协同制造背景 ······························· 101
 6.2 中小铸造企业协同平台的设计 ··························· 103
  6.2.1 企业结构模型 ··· 103
  6.2.2 平台功能设计 ··· 105
  6.2.3 实现技术 ·· 106
 6.3 中小铸造企业协同平台的实现 ··························· 107
  6.3.1 平台功能介绍 ··· 107
  6.3.2 案例示范说明 ··· 112
 6.4 本章小结 ·· 119

参考文献 ·················· 120

第 1 章
绪 论

1.1 云制造资源优化配置的背景和意义

我国制造业发展迅速,是连续 11 年位居世界第一的制造大国,目前已成为全球唯一拥有联合国产业分类目录中所有工业门类的国家,包括 41 个大类,207 个中类和 666 个小类,是世界上工业体系最健全的国家。但是,我国现在是制造大国,还不是制造强国[1],表现在服务能力弱、数字化水平低和智能化水平低。以工业化和信息化深度融合为背景的制造业向智能制造转变是实现从制造大国向制造强国迈进的战略举措[2]。智能制造是以数字化为核心,以数据驱动为手段,目标是对生产、经营、管理中的各个问题采用智能化手段进行改进。为促进整个制造业向智能化升级,加快建设制造强国,"中国制造2025"将发展智能制造作为主攻方向。"十四五"期间,我国将继续坚持智能制造主攻方向,加快推进制造业数字化、网络化、智能化转型步伐,通过向智能制造转型升级来持续推动我国制造业发展。

向智能制造转型是制造业发展的主攻方向。经过几十年的发展,大批企业不断地提升智能制造技术,特别是近年来江苏、广东、浙江等地的大量企业完成了智能化升级。但相对于我国巨大的企业基数,真正完成智能化制造转型的企业数量很少,特别是中小企业[3]。我国中小企业占工业产值的 60%,是国民经济和社会发展的生力军,是建设现代化经济体系、推动经济实现高质量发展的重要基础。同时,这些企业在我国工业体系中十分重要,如同工业细胞一样支撑起了国内联合国产业分类目录中的所有工业门类。因此,推进中小企业制造智能化,是我国制造业向智能制造发展的关键环节。

中小型制造企业存在"小、多、专、低、弱"的特点。"小"指的是企业规模小;"多"是指同类型企业数量多;"专"是指单个企业受限于生产设备等因素,只专于几种工业产品;"低"是指企业生产门槛低;"弱"是指此类企业产值不高,行业话语权不强。受限于这些特点,中小企业面临过程管控难、企业间信息共享不畅、资金短缺、信息化建设不足等问题,无法进行复杂、大量、个性化制造，导致行业竞争力低，从而收益甚微，逐渐造成恶性循环，向智能化转型困难[4]。工业互联网联盟提出，针对现在中小企业面临的问题，可借助第三方服务商和平台支撑的资源整合平台，在建立合理的利益分配机制的基础上，以协同的方式促进中小企业的智能化。

综上所述，制造企业向智能制造转型是我国制造业升级的战略举措，是促进我国由制造大国向制造强国转型的必要路径。中小企业作为我国制造业的重要支撑，其资源单一、资金不足、技术支撑薄弱等问题是制约我国向智能制造转型的瓶颈之一。针对中小企业向智能制造转型的发展需求，本书主要研究适用于中小企业的平台模式，将中小企业的有限资源集合成无限可用资源进行管理。在所研究的平台模式基础上，进一步研究与之匹配的资源优化配置方法，提升中小企业的协同效应，为我国制造业由传统制造向智能化制造转型提供理论基础与技术支撑。

1.2 云制造

1.2.1 云制造的概念及内涵

2010年，中国工程院李伯虎院士与北京航空航天大学张霖教授在国际上率先提出"云制造"的概念[5]。云制造借用云计算、大数据、互联网等先进技术的思想，将传统的制造模式转变为面向服务的制造模式，使制造服务具有良好的适应性和分布性，促进制造业向智能化的提升。2010—2012年，李伯虎等[6]继续对云制造的典型特征、关键技术与主要应用进行了深入研究，进一步讨论了云制造的内涵，即通过实现制造资源的"物联化、虚拟化、服务化、协同化"推进制造全生命周期的智能化。

云制造是工业化与信息化的深度融合，是一种基于知识和服务、低消费的新型智能网络制造模式，为制造业带来了弹性计算能力和存储能力[7,8]。面对如今的定制型订单经营模式，云制造构建并融合网络、计算、应用等核心能力的分布式开放体系，可将分散制造资源整合到一个平台中，根据"分散资源集中使用，集中资源分散服务"的服务模式强化企业管理，整合闲置资源，建立开放标准，通过资源的共享与合理化配置提高资源利用率，降低制造成本，强化企业的创新性[9,10]。

云制造的物理架构如图1.1所示，主要分为两层，即云环境与物理层。云环境包括云制造虚拟资源、云制造核心服务、应用接口、应用程序四个部分，可将制造设备衍生成为制造服务，是最终为任务提供相应服务的重要平台。云制造虚拟资源是云制造中资源的存在形式，体现了资源可提供的服务与资源特性等。云制造核心服务汇聚了各类虚拟资源，面向不同的用户类型提供不同的核心功能服务，如云服务管理、数据管理、服务发布、任务管理、服务调度等。应用接口部分主要是面向特定的应用领域，提供不同专业应用接口，实现服务管理。应用程序是面向用户的服务应用，用户通过门户网站或用户界面来访问和使用相应服务。物理层主要涵盖了工厂中的各种制造资源，通过云终端、物联网、通信链路等技术，将各种制造资源链接到网络中，实现制造资源的互联互通。

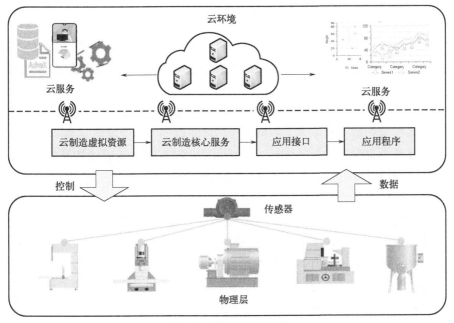

图 1.1　云制造物理架构

云制造的本质是将能够提供产品需求分析、设计、加工、售后服务等能力的企业制造资源描述成为各种服务，通过网络提供给需要这些服务的用户，实现各种制造资源的高效整合，并通过资源配置来完成复杂任务。其优势如下：

① 云制造是一种面向服务的制造模式。全面支持各种制造资源的共享和接入[11]，将资源按照不同的接入方式封装成各项制造服务并集中管理，企业用户仅需要将持有资源注册到云中即可。

② 云制造下资源可按需透明使用与动态调度。云制造可以将各种制造资源以现收现付的服务形式提供给用户，用户可以请求有关产品生命周期的任何阶段的服务，包括产品设计、制造、测试、管理等。

③ 云服务执行过程中通常采用多提供者多服务的架构模型。在收到用户的服务请求之后，企业资源可以形成一组相互作用的服务组合，以提供符合特定质量标准的解决方案[12]。

1.2.2 中小企业实现云制造面临的问题

对中小企业而言，云制造可支持中小企业实现从单一产品供应向具有整体协调或集成能力的身份转换，促进中小企业走向智能化。但就目前中小企业现状而言，实现云制造面临以下几个问题。

① 资金缺乏。对于中小企业而言，实现云制造的前期资金投入较多，投入产出比不确定，设备资源数字化所需成本较高，是否可以实现利益增值未知。而且由于中小企业资金有限，他们更愿意将有限的资金投资到供应链与现有产品的技术升级上。所以，如何在不额外增加大量投入资金的前提下，实现提高收益并降低成本，是实行云制造所面临的问题。

② 工厂内现有设备标准不统一。制造业装备种类繁多，生产厂家众多，行业间的标准体系相互不同，不同类型厂家的设备与功能参数不同。同时，许多高端装备具有自己的标准体系，只对相同产品系列的垂直系统开放。所以，中小企业间缺乏设备资源与管理系统统一的集成机制，继而存在设备之间、设备与管理系统之间的交互不畅等问题。

③ 企业之间协同能力差。在中小企业实际制造现场中，无论离散制造还是流程制造，对同一任务都是使用相同的加工设备来处理，而不是通过优化资源配置来完成任务。同时，制造模式都侧重于常规和重复的学习，或通过根植于常规学习来完成某个方面的纵向深入研究，没有整合制造资源的能力。所以，中小企业之间不具有协同完成任务的能力。

④ 平台专业性不足。对于中小企业而言，同时具备行业技术和商业模式的云制造平台较少。目前市面上普遍存在的是公有云的电商平台，主要实现企业资源的集成。而对于真实制造任务的研究，并没有综合考虑横向集成的服务背景，进而面向特定行业、特定领域的中小企业制造场景的平台则更为稀少。

1.3 基于云制造资源优化配置的关键问题及研究现状

云制造模式与信息模型是实现企业协同的平台支撑与交流支撑，资源优化配置是实现中小企业协同的具体手段。资源优化配置的使能技术包括资源到服务的映射方法、服务组合评价方法和服务组合优化方法，三者结合使制造资源向知识化服务转变，以服务的形式形成综合方案，促进企业协同，提升智能化水平。针对云制造模式与信息模型、资源到服务的映射方法、服务组合评价方法及服务组合优化方法，国内外学者进行了大量相关研究。

1.3.1 云制造模式及信息模型

云制造模式是中小企业资源集成的基础，是促进中小企业协同的平台模式支撑。随着制造场景的变化，与之关联的云制造模式也具有差异。信息模型是云制造模式正常运行的基础，是云制造模式下人与人、人与机器之间可以有效交流的支撑，是云制造模式下资源、任务存在及共享的基础技术。所以，云制造模式及信息模型的研究十分重要。

学者们根据不同的制造场景提出了不同的云制造模式。林延宇等[13]为了有效支撑航天集团内的信息化工业体系，针对航天集团内多学科交叉、多专业、跨地域、跨集团协同等特点，提出航天云制造资源/能力应用模式与制造体系结构。Wang等[14]研究了机器人制造，为了支持无处不在的制造，开发了基于云制造的系统，提供了一个可以从制造服务角度维护物理设施的服务池，并建立了多个跨层次的、灵活的集成制造模式。Yang等[15]基于物联网实时数据快速传输能力，提出一个在物联网支持的云制造环境下的产品设计和制造的全连接模型。该模型连接多方用户，利用物联网将物理空间与网络空间相结合，提供各种弹性制造服务，解决信息交互与共享等问题。李雪等[16]针对产品批量生产的问题，提出了云环境下大规模定制产品的生产模式，解决了大规模定制产品在生产过程中的资源优化配置问题。Lin等[17]针对大规模云制造中只有一个管理中心的问题，结合集中式和分散式决策的优点，提出了双层调度策略的多中心管理体系，并提出了该体系结构下的制造资源和能力的全局优化模型。

国内外的学者们从各种角度、各种场景提出了信息模型。Aameri等[18]提出了一个本体模型来指定机械装配件的连接、零件和形状，从而使组件配置能够在生产设计中逻辑地表达和使用。该本体模型最终运用于指定悬架系统和机械关节特性。Engel等[19]提出了批量加工工厂自动化推断的本体模型，使基于知识的辅助系统可自动实现网络与过程模块化处理，从而达到选择合适的工程方案的目的。Karray等[20]在核心制造维护领域的知识表示和数据建模领域上设计了ROMAIN本体。该本体构建在基本形式化本体之上，重用了上层建模元素，支持了与BFO对齐的本体论之间的数据和应用程序互操作性。Cheng等[21]提供了一个生产线模型，该模型使用了五种本体（设备本体、过程本体、参数本体、产品本体和集成本体）组合，为控制软件存在的配置协调与管理制造两方面问题提供了解决依据。Otte等[22]基于BFO的定义，提出了一套模块化本体，称之为产品生命周期本体模型。该模型定义了产品生命周期中产品、商品、服务输入和服务提供等基本概念，用于提升制造业中的数据系统互操作性。Ryabinin[23]研究了基于本体的边缘计算设备行为控制的一个新方法，将本体推理机制直接应用在限制资源的边缘设备上，用于控制设备行为。

综上所述，一方面，目前云制造模式是针对大规模复杂制造任务所提出的，主要是基于大型厂商，或者是需要大量资金投入的运行模式。而对于中小企业，由于受限于自身人才、资金等条件，无法构建自己的云平台，且由于复杂的制造任务流程、任务领域、服务特性等不同，从而导致中小企业协作方式各异，因此需要面向中小企业的协同问题，建立适用的云制造模式。

另一方面，制造资源与任务具有广域性、多样性、信息异构性等特点。目前大多的研究是以制造资源信息整合为目的，从领域服务模式出发的研究较少，且仍然存在企业之间、企业与平台之间的互通不畅、服务特性描述不明确的问题。因此信息模型需要从促进中小企业协同角度出发，不仅需要体现资源与任务领域特性，还需要具有可共享性、人机可读性等特点，并贯穿于整个资源优化配置流程。

1.3.2 制造资源到服务的映射

制造资源到服务的映射，是将资源以服务的形式存放于平台之中，并以规定的信息模式对外展示。根据任务需求，制造资源如何映射成为各种服务是一个重要的研究内容[24]。

常规的服务映射方式根据资源信息模型进行筛选，评价资源与任务的匹配度来实现资源到服务的映射。郑杰等[25]为提高制造资源利用效率，通过词向量建模描述制造资源和用户任务，并利用联合嵌入卷积神经网络将制造资源和用户任务需求词向量映射到具备向量匹配基础的公共空间中，从而高质量、高效率地实现制造资源到服务的映射。Yuan等[26]分析了任务需求类型和制造服务类型，并根据服务资源分类导出了本体描述，建立了多层匹配模型。通过评估基础信息、功能、服务质量（quality of service，QoS）和制造能力，综合匹配并对服务资源进行评价，从而实现云制造环境下的资源到服务的智能映射。王有远等[27]通过结合物元概念及本体模型中的关键特征，构建了设备资源和加工任务物元模型，并使用匹配算法对物元模型中的各特征量值进行可拓距、真伪度和优度计算，评价多组加工任务与设备资源服务匹配的匹配度，从而达到基于任务的资源到服务的映射。

随着云制造平台的不断完善，制造资源规模的不断增大，云制造环境中的制造资源与任务呈现快速增长的趋势。需要参与组合的服务数量过多,会造成平台开销大,资源配置的优化效果不明显。因此,将资源与服务的映射归结为制造资源的聚类问题,即在服务组合之前将平台中的资源划分为不同服务集,可以减少参与服务组合的资源数量,降低云制造平台的开销。葛胤池等[28]等分析了科技资源,根据其分散、异构的特点,采用聚类的方法将分散但相关的资源划分为多类型服务的资源池,以提高资源发现和利用效率。Li 等[29] 针对云制造的服务优化选择问题,提出了一种基于服务聚类的网络服务组合方法。将资源通过聚类成为抽象服务,在不需要任务分解的情况下,实现了快速获取候选服务集和服务组合路径来完成制造任务,降低了服务组合的难度,提高了服务组合的效率。Jiang 等[30] 提出了一个用于实现边缘计算节点部署的智能制造系统的体系结构,综合平衡网络延迟和计算资源部署成本,考虑设备的空间分布、功能和边缘节点计算能力对优化目标的影响,采用改进的 k-means 算法得到边缘计算节点的最优部署数。贾海利等[31] 采用优化了初始聚类中心的 k-means 算法对资源池中的海量服务进行聚类处理,将基本信息相似度高的服务聚集到一起,形成资源服务类,再通过计算任务需求与各个类中心的信息相似度来确定备选的类,从而缩小服务的匹配范围。

由于云制造模式下中小企业的制造资源分散且众多,所以使用聚类方式对资源划分是一个快速有效的资源服务化方法。但就目前的研究工作而言,制造资源类数目不明确,并且不同的聚类方法适用的数据特性不同,造成服务集划分不明确,可能出现同一服务集中出现不可用的服务。在实际映射过程中,应考虑资源的服务特性,实现依据任务将制造资源精准地映射到不同级别的服务集中。

1.3.3 服务组合评价

在云制造模式下,企业协同的实现是根据任务需求将资源进行合理的配置。资源优化配置的基本研究问题是服务组合的获取,是将分布式制造资源映射为个性化的服务进行组合[32]。而服务组合完成目标任务的适应度,是实现资源优化配置的决策依据[33]。

众多学者根据不同的优化目标建立了评价模型。陈友玲等[34] 为解决云制造服务在组合优选过程中所存在的历史评价动态变化,组合优选结果客观性较差,无法充分反映单个评价指标所具有的突出影响等问题,建立了包括质量与历史等级的评价指标体系,实现了云制造服务的组合优选。李永湘等[35] 针对不稳定的实体可靠性和服务信誉度给制造过程带来的多种影响,结合云制造服务的执行时间和费用,依据服务组合的复杂度和协同度,构建了一种基于可靠性和可信度的服务组合质量评价模型。Yuan 等[36] 基于任务需求来优化服务组合,解决了多任务对应的多服务选择问题。结合制造服务的时间、质量、可用性、可靠性和成本属性,基于服务组合的 QoS 指标体系,提出了不同组合结构下服务组合的数学评价模型。在云制造模式下,制造资源与任务具有多属性特性,如成本、时间、历史合格率等,以上研究大多是基于这些属性的精确值评价模型。但在制造过程中,众多参数不以精确值描述,如制造资源的可信度、功能参数的范围,任务的需求完成时间、历史等级等,均具有模糊表述特性,用精确值方式建立模型会面临评价值的失真。

因此,学者们基于制造资源的模糊表述特性构建了评价模型。徐林明等[37] 提出了基于模糊 Borda 法的动态组合评价方法。该方法以相容动态评价方法集为基础,对不同动态评价方法的综合评价值和排序结果进行组合,解决了多种动态评价方法评价结论不一致的问题。武理哲[38] 在模糊理论的基础之上,建立了一个模糊综合评价法。该方法采用定性与定量相结合的方式,使用层次化的综合评价指标体系和隶属度函数,利用层次分析法和熵权法对评价指标权重进行修正,从而确定了综合评价的等级模型。Zhu 等[39] 设计了一个将模糊逻辑与 GraphPlan 算法相结合的系统。该系统根据用户的偏好,利用模糊规则对服务进行评价和排序,选择具有最优 QoS 值的解并用于 GraphPlan 构造。Wang 等[40] 提出了一种评价 QoS 的新方法,使用模糊综合决策与应用模糊逻辑控制对云服务进行 QoS 评估。通过实验比较表明,所提出的方法对云计算中的服务组合的 QoS 进行了较好的评价。

评价方法影响云制造服务的运行质量和最终产品的合格等级,并且评价因素决定着接下来服务组合的优化方向,目前的研究存在以下两方面的不足。

一方面,资源参数的模糊表述特性不同,且制造资源的功能特性被忽略。在实际的制造过程中,制造资源与制造任务的许多特性并非仅笼统使用模糊表述语言就可以描述清楚的,如功能参数为区间值,QoS 需求为模糊语言描述。同时随着企业、制造设备类型等不同,制造资源的功能不同,即相同功能的服务,随服务功能(function of service,FoS)参数范围不同,最终提供服务的等级有差异。

另一方面,任务参数配置的指导作用被忽视。在制造过程中,每步工序参数对该工序环节的质量起决定性作用。当工序参数设置不合理时,将导致该步骤的成品质量降低,并容易引起接下来产品质量合格率的波动。在离散制造过程中,工序间工艺参数的配置是产品质量和高效生产的保障。任务发布时,其参数描述了制造任务属性,反映了制造任务最佳成品的质量指标,所以任务的参数搭配可以指导服务组合参数配置。

所以，服务组合评价应从两方面进行考虑：一方面，从参数模糊角度出发，评价最终资源配置的适用等级，并且补充对 FoS 的评价；另一方面，需要从服务组合与任务的参数配置的相似性评价服务组合，使服务组合具有与任务参数序列一致性的参数配置。

1.3.4 服务组合优化方法

在云制造中，服务组合的优劣体现了企业协同方案的合理性，决定着各中小参与企业的利益。在云制造模式下，服务化的资源组合在满足日益增长的需求方面发挥了显著的优势，它使各个企业能够相互合作，从而提供合理的综合服务[41,42]。随着制造资源的不断增长，满足任务的制造服务数量呈快速增长趋势。针对大量的候选服务组合实现优化选择，是实现高效制造的重要手段，从而促进中小企业的协同[43]。实现服务组合优化的方法一般有图形法、组合框架法与进化算法。

图形法是一种基于学习的工作流网络方法，该方法依赖以前的组合结构来构建用于新组成服务组合的模型。Rodriguez-Mier 等[44] 从服务的依赖关系出发，对服务组合进行了理论分析，提出了基于图论的语义服务组合框架。该框架从图中提取最佳组合，减少服务的长度和数量，以提高服务组合的可扩展性。Jula 等[45] 提出了一个新的框架，以降低综合服务的服务时间为目的，使用基于增强的帝国竞争算法选择合适的服务提供者，从而实现服务组合。Ni 等[46] 考虑了完成任务的价格成本和时间成本，以及用户和雾资源的可信度，提出了雾资源可信度评估方法和一种基于定价时间 Petri 网的雾计算资源分配策略，使用户可以从预先分配的资源中自主选择满意的资源组。Li 和 Yao[47] 利用云熵遗传算法，提出了一种基于过程微积分的服务组合优化方法。该方法使用建模语言设计的建模图来说明云制造环境中的服务组合原型，从而实现组合优化。

组合框架方法通过简单的功能框架服务来实现服务的自动匹配并形成优质的服务组合。Silva 等[48] 提出了一个名为 DynamiCoS 的语义服务组合框架，其目的是支持按需运行用户的复合服务请求。在 DynamiCoS 框架中，使用语义服务对用户发出的服务请求进行推理，从而使服务发现、选择和自动化组合成为可能。Wang 等[49] 提出了一种可靠性感知的网络服务组合方法，该方法采用天际线法来减小 QoS 属性的状态空间，以保证评价的可靠性，并将网络物理系统的基本组件与社交网络结合起来提供优质的服务组合。Ridhawi 等[50] 基于语义相似的混合服务覆盖网络的模糊诱导，提出了一种新的完全自动化的服务发现和组合方法，避免了人为交互，以达到高效、准确、QoS 感知的组件服务发现、组合和执行。Kalasapur 等[51] 提出了一种服务覆盖网络的特殊组合算法。该算法在覆盖的分层服务中使用了图论服务组合机制，依靠集中的语义目录来注册可用的服务，实现用户查询与服务组合。

对于不断激增的服务而言，进化算法对组合优化问题有很好的解决方案。进化算法可以在无论大规模还是小规模个体数的环境下，提供新的优化组合[52,53]。Hosseinzadeh 等[54] 提出了一种基于人工神经网络的粒子群优化混合算法，通过增强云计算中的 QoS 属性影响，形成高质量的服务组合。Liao 等[55] 提出了一种基于精确度粒子群算法的服务组合模型，该模型提高了标准粒子群优化算法寻找服务的最优结果的精度。Zhang 等[56] 考虑了众包和服务相关性，提出了一种基于 QoS 的制造服务组合模型。该模型为了解决多目标优化问题，采用一种扩展的花授粉算法来获得最优服务组合解。该算法不仅利用了自适应参数，而且集成了遗传算法。Mucientes 等[57] 为满足用户请求所需的最小服务组合，提出了一种基于启发式的自动网络服务组合的搜索算法。在该算法中，作者为服务搜索提出了一组动态优化技术。该技术在查找最小数量的服务和执行路径方面显示出了良好的性能。Ghobaei-Arani 等[58] 分析了一种正式的验证方法并提出了一种飞蛾优化算法，该算法根据云计算中的 QoS 因素来评价服务组合的正确性和效率，从而实现服务组合优化。

制造服务组合优化问题是在需求约束条件下求解全局最优值，这本质上是一个多目标优化问题。当制造资源数量不断增加时，可用服务组合的数量也成倍增加。图形法与组合框架法对平台系统要求较高，实时性较低，所以可以处理大量数据的进化算法与之相比更具有优势。而不同的进化算法随着自身特性不同，适用的数据特性不同。算法可行性、效果、效率是影响组合优化的制约因素。目前，已经提出了多种优化算法，根据 No Free Lunch 定理[59]，在特定数据集上算法 A 的表现优于另一种算法（算法 B）的同时，一定伴随着算法 A 在另外某一个特定的数据集上有着不如算法 B 的表现。选择适用的算法对服务组合优化效果提升而言十分重要。在云中，众多满足相同需求的服务组合之间具有适应度分布形式离散、属性较多、优秀组合二八占比等特征造成的非线性分布不利于遍历、优秀基因影响力被忽视且不断减少的问题，需要一个适用的进化算法来提升优化效果与效率。

1.4 本书内容和结构

1.4.1 本书内容

基于上述研究背景与国内外的研究现状，本书面向具有行业特性的中小企业提出 T 型云制造模式。T 型云制造模式在基于云制造服务模式的基础上，进一步提出以"分散资源横向管理，横向服务纵向协同"为指导思想，将中小企业的有限资源集合成为无限可用资源进行管理，改变传统云制造的分层结构，从横向集成领域与行业垂直领域角度出发，以资源优化配置的方式，实现中小企业协同，促进中小企业的智能化转型。但资源优化配置方式的不同，对企业协同效果影响很大。

因此，本书将在 T 型云制造模式的基础上，对资源优化配置方法进行研究。以制造资源服务化为主线，以提供综合服务为目标，以企业间的资源优化配置为手段，以总任务需求为切入点，以"资源到服务的映射→服务组合的评价→服务组合的优化"为研究路线，以"T 型云制造模式标准化→制造资源获取服务聚集化→服务组合评价全面化→进化算法优秀基因影响扩大化"为实现途径，通过基于 T 型云制造模式的资源优化配置方式，将中小企业集成起来实现中小企业协同，探索中小企业向智能制造转型的平台模式及关键使能技术。

本书主要研究内容包括如下四个方面，图 1.2 展示了它们之间的逻辑关系。

(1) T 型云制造模式及信息模型

针对目前中小企业的云制造，提出了 T 型云制造模式，将服务根据领域划分为纵向服务与横向服务，建立其架构。对 T 型云制造模式运行要素、运行机理进行详细论述，定义元资源、元服务、复杂制造任务与元任务等概念。为了更好地为后续研究建立理论基础，建立了关键信息模型，细化资源优化配置所涉及的流程信息。

(2) 资源到服务映射

基于制造资源的信息模型，针对使用聚类计算实现资源到服务的映射所存在的类目不确定、服务组合分布不规则的问题，提出 Dt-means 算法。Dt-means 算法在定义划分趋势度与同一可并子类关键概念的基础上，通过初始 k-means 划分、子类划分与子类合并三个步骤，有效地将制造资源根据任务划分成不同的服务集，为服务组合优化提供了不同等级的服务集。

(3) 服务组合评价

面向纵向服务优势与横向服务优势两方面研究并建立两个评价模型。FEM 评价模型提出服务的 FoS 属性可作为评价因子，并基于 FoS 参数及 QoS 参数的不同模糊表述特性，使用区间数与三角模糊数理论实现从行业垂直领域评价服务组合；PCEM 评价模型基于服务组合参数配置与任务参数配置间的相似性，结合 TOPSIS 与灰色关联法从横向集成领域评价服务组合。评价模型为服务组合的优化提供了决策依据。

(4) 服务组合优化

针对服务组合的多属性优化问题，以及 T 型云制造模式面临的服务组合适应度非线性分布、优秀基因被忽视并不断减少的问题，根据服务组合多属性、优秀组合二八占比特性，提出了 MWFPA 算法。MWFPA 算法使用链式列表表达方案实现线性遍历及多属性优化，在异花授粉阶段使用移动窗口（moving window）技术扩大优秀基因影响力，在自花授粉过程引进新基因，增加基因多样性，从而更高效地获得更优的服务组合。

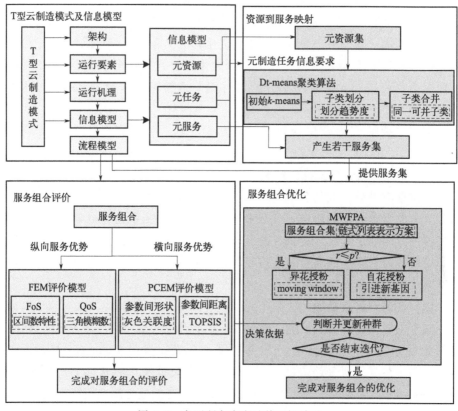

图 1.2　主要研究内容及其逻辑关系

1.4.2　章节安排

全书共分为 6 章。

第 1 章　绪论。介绍我国制造业的发展趋势，叙述云制造的产生背景与内涵，提出中小企业实现云制造面临的问题，分析云制造及资源优化配置涉及的关键问题及现状，简述本书的主要内容及章节安排。

第2章　T型云制造模式及信息模型。面向中小企业提出基于服务科学理论的T型云制造模式；对T型云制造模式的架构、运行要素与运行机理进行阐述；建立关键信息描述模型并细化了资源优化配置的流程信息。

第3章　T型云制造模式下资源到服务映射。研究T型云制造模式的纵向服务的获取方式，即根据具体元任务实现大量资源映射为相应服务集。依据任务特征及制造资源信息特点，提出了Dt-means聚类算法，并对所提聚类方法中的关键概念、算法流程、算法实现进行了详细论述，最后通过实验验证了算法的有效性。

第4章　T型云制造模式下服务组合评价。本章分析了T型云制造模式下评价服务组合所需面临的问题，增加对FoS的评价，基于服务参数模糊性，面向纵向服务优势提出FEM评价模型并阐述了具体实现步骤；基于任务参数配置，面向横向服务优势提出PCEM评价模型并阐述具体实现步骤。最后通过实验验证了评价模型可行性。

第5章　T型云制造模式下服务组合优化。研究了资源优化配置的横向服务获取手段，即服务组合与优化。根据T型云制造模式下服务组合的特征与其在优化过程导致的问题，提出了MWFPA算法，重新定义了基因与花的概念，介绍了MWFPA算法的主导思想与关键步骤，并展示具体优化过程。最后，通过实验验证了算法的可行性。

第6章　资源优化配置云平台开发。分析中小铸造企业现状，以铸造工业园为中小铸造企业集群代表，结合前面章节关于T型云制造模式的相关理论，设计并开发了中小铸造企业协同平台，将本书研究的理论方法予以实现。

第 2 章
T型云制造模式及信息模型

为给中小企业协同提供适用的平台支撑,在云制造的基础上,结合服务科学理论,提出了T型云制造模式,并阐述了T型云制造模式的运行要素、运行机理。为了便于后续研究,建立关键信息模型,细化了资源优化配置过程所涉及的流程信息。

2.1 T型云制造模式

2.1.1 T型云制造模式的提出

服务科学是一种多服务领域的融合,其研究对象是服务,研究内容包括服务管理、服务工程、服务计算、服务经济学、服务创新管理、服务供应链等[60]。服务科学以某种方式处理不同类型的资源,将各种不同资源转换为服务,通过服务之间的结构化配置,系统之间的交互,达到共同创造价值的目的。相比于其他学科,服务科学可更科学地整理和协调资源。也可以说,服务科学是实体之间价值共同创造的互动行为研究。

T型结构是服务科学中的典型结构,包括纵向能力与横向能力[61,62],形式如图2.1所示。

纵向能力是特定垂直领域的解决能力,是对学科的专业化和对一个系统的深刻理解,以"分析思维"和"解决问题"的能力为特征。横向能力是有效解决不同问题及上下文变化的系统整合能力,即当现有能力不利于面对新出现的问题,或需要解决未知问题时,通过创造性地组合或重组现有资源来提供新的

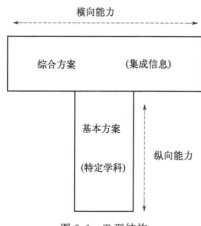

图 2.1 T型结构

复合能力。对于制造业而言，T型结构提供了一个专业的平台结构，这种结构不仅便于对专业制造领域进行深入了解，还可以将各种相关资源集合起来，以统一的模式建立制造资源信息库，实现制造资源的横向领域集成和行业垂直领域的特定处理，使二者相互补充，从而在横向集成的前提下又可以在行业领域背景下体现服务的特性。

T型云制造模式，结合了云制造和服务科学理论，将各中小企业的制造资源进行集成并以服务的方式提供给用户。T型云制造模式改变传统云制造的分层架构，以"分散资源横向管理，横向服务纵向协同"作为指导思想，从横向集成角度将各企业的制造资源进行集中管理，将资源从行业垂直角度协同形成横向服务，最终为中小企业向智能化转型提供平台模式支撑。

2.1.2 T型云制造模式的架构

T型云制造模式的架构如图2.2所示，按照结构维度可分为云端和行业端。

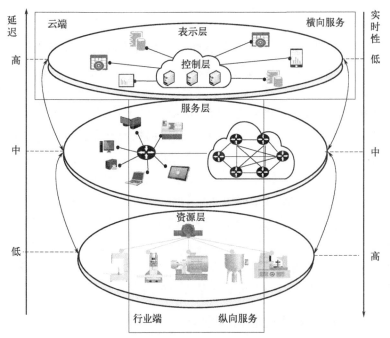

图 2.2 T型云制造模式的架构

① 云端包括表示层与控制层。主要将各领域的服务进行集成管理，再面向不同用户提供相应服务。它是实现"分散资源横向管理，横向服务纵向协同"的平台。

② 行业端包括服务层与资源层，是针对行业垂直领域，将各类物料、磨具、机床、设备资源等通过网络传感器集中并以服务化的方式接入云中。

从云端与行业端两个维度来看，T型云制造模式主要包括两类服务：纵向服务与横向服务。

纵向服务是行业垂直领域中的服务，通过同一企业或同一制造资源完成制造任务，而不是以合作形式完成任务。

横向服务是在横向领域中将纵向服务集合在一起形成服务组合，远离复杂问题源，提供促进中小企业合作的解决方案。

横向服务的获取为开放问题，主要通过资源优化配置手段获得，为需求者提供优质的横向服务也是T型云制造模式的最终目的。

T型云制造模式的层次框架如图2.3所示，主要从行业端与云端两个维度建立，共分为4个层次，由下到上分别为资源层、服务层、控制层和表示层。

① 资源层。资源层包括各类物理资源，如零件、部件、机床、加工中心、磨具和传感器等。用户将制造资源通过给定的信息模型发布至平台中，或通过信息感知设备、交换机等网络连接设备将制造资源接入平台并使用规定模型进行信息化描述。

② 服务层。服务层是从行业领域角度，将资源层的设备通过知识化表示并存储。服务层与资源层中的制造资源具有一一对应性，并对接云端的控制层。服务层中服务获取是通过云端控制层的资源到服务映射功能，将资源层中的资源映射为纵向服务，并存储于服务层中。

③ 控制层。控制是整个T型云制造模式的核心部分，通过核心的资源优化配置模块，根据元任务完成资源到服务的映射，实现以具体行业任务为基准的服务化；面向云端企业需求用户，通过服务组合优化与服务组合评价，提供横向集成的资源配置方案（横向服务）。

④ 表示层。表示层是面向不同用户的UI界面。用户类型主要分为企业用户和平台管理员两类。企业用户根据需求不同，又分为服务需求者与服务提供者。表示层针对不同的用户类型，提供不同的服务，如用户登录、任务发布、资源发布、服务查询等。而平台管理员拥有所有服务的管理权限。

2.1.3　T型云制造模式的运行要素

制造，是通过使用工具、人力、机械和化工原料将原材料加工为成品的过程。制造过程分为两种：一是流程制造；二是离散制造。

流程制造是通过某种形式来处理各种材料，使其进行物理或化学转换，生产环节封闭成熟。目前，流程制造本身自动化水平较高，其产能与自身的自动

第 2 章 T 型云制造模式及信息模型

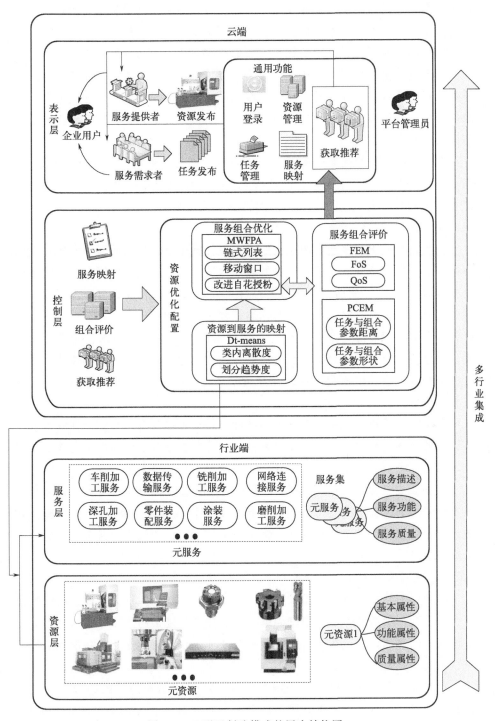

图 2.3 T 型云制造模式的层次结构图

化水平由生产设备所决定,并且生产计划简单稳定、生产设备能力固定、加工工艺固定、生产时间基本相同,其生产过程更专注于物料的数量、质量和工艺参数的控制。所以流程制造的优化一般通过提升生产设备的性能来实现。

离散制造是根据订单生产独立或不同部件的产品。所生产产品往往由多个零件经过一系列并不连续的工序最终装配而成,如飞机制造、船舶制造等。离散制造通常发生在"库存制造"或"订单制造"中,工作任务通常由不同加工车间相互配合来完成。

T型云制造模式是基于离散制造而言的,通过企业协同,提升企业效益,降低企业成本。为了对T型云制造模式的运行模式进行说明,并便于对资源优化组合展开研究,在此罗列了T型云制造模式的运行要素。

(1) 元资源与元服务

在制造环境下,制造资源是指所有可以在整个制造生命周期中发挥作用的硬件资源、软件资源、知识和人员的通用术语,是广义制造中所有有关制造活动的资源总称[63]。制造资源可按照存在形式划分为物理资源与知识资源。物理资源是指所有有关制造活动的实体制造资源,如制造设备、计算设备、感知设备等。而知识资源是指有关制造活动的信息化资源,如技术、知识、数据等。物理资源与知识资源有相互对应性,物理资源是知识资源的实体化,知识资源是物理资源的信息化表述。在T型云制造模式下,物理资源为资源,相应的知识资源为服务。

定义 2.1 元资源:具有静态描述特性,是可以被具有主观能动性的人或设备调用的最小制造资源;是工业过程中,面向制造系统底层的加工动作的实施者,是行业垂直领域中的具体资源,如车床、刀具、夹具等。

定义 2.2 元服务(纵向服务):是T型云制造模式的核心内容,以具有动态自驱能力的制造资源为主体,以其他相关资源为辅助,是T型云制造模式的元资源的知识化展示,是在某一领域解决某一问题的最小服务单元,也称之为纵向服务。

(2) 复杂制造任务与元任务

制造任务是指满足制造需求所进行的工作,也被称为行为过程。根据复杂程度的不同,制造任务可以划分为单一制造任务和复杂制造任务。本书为促进中小企业的协同,重点在于研究复杂制造任务,在此对元任务与复杂制造任务进行定义。

定义 2.3 元任务:属于单一制造任务,是T型云制造模式的服务优化依据的最小单元,具有不可拆分性,但具有可组合性,且元任务之间有着串行、并行、选择和循环四种基本结构。

元任务的基本结构如图 2.4 所示。顺序结构是指元任务之间具有单向顺序依赖性；并行结构意味着元任务之间没有信息交互，并且每个元任务处于完全独立的状态，可以同时执行；选择结构是指在同一时间选择一条或者多条执行路径，每条路径被选择的概率由 γ 所决定，并且 $\gamma_1+\gamma_2+\gamma_3+\cdots+\gamma_n=1$；循环结构的任务完成需要多次重复执行元任务，直到完成设定的重复次数（k_{cyc}）。

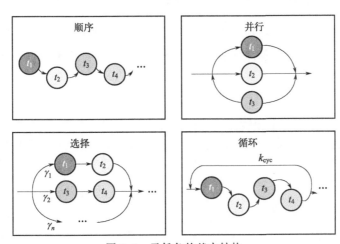

图 2.4 元任务的基本结构

定义 2.4 复杂制造任务：属于复合任务，由不同的元任务组合构成，完成复杂制造任务是 T 型云制造模式最终目的，也是横向服务的具体实现对象。

复杂任务一般是离散制造所涉及的订单式制造或库存制造，并非连续型生产任务，是由多个企业或多个资源相互配合完成，如飞机制造与船舶制造的装配任务等。

(3) T 型云制造模式平台

T 型云制造模式平台是基于 T 型云制造模式所建立的平台，支持各个中小企业发布元资源与复杂制造任务，支持"分散资源横向管理，横向服务纵向协同"，为中小企业协同提供了平台支撑。

(4) 服务需求者

服务需求者是 T 型云制造模式下发布制造任务的中小企业，通过使用 T 型云制造模式平台提供的服务，满足自身在制造任务中的个性化需求。

(5) 服务提供者

服务提供者是制造资源的供应方，是 T 型云制造模式下提供制造资源的中小企业。通过资源到服务的映射手段，将资源转化为服务，供服务需求者使用。

(6) 服务组合

为促进中小企业之间的协同，针对复杂任务，将 T 型云制造模式下的元服务进行组合，形成服务组合。优化后的服务组合是 T 型云制造模式的横向服务。

2.1.4 T 型云制造模式的运行机理

T 型云制造模式运行机理如图 2.5 所示，主要包括五个模块：制造任务发布模块、制造资源发布模块、资源与服务的映射模块、服务组合评价模块和服务组合优化模块。

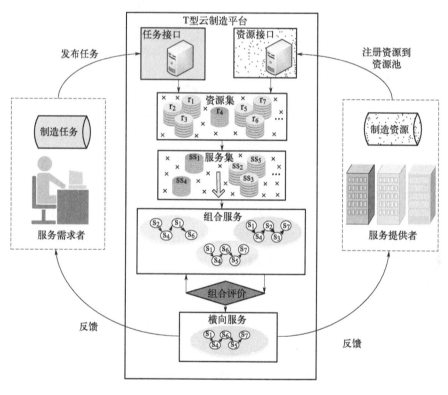

图 2.5　T 型云制造模式运行机理

(1) 制造任务发布模块

制造任务发布模块面向 T 型云制造模式的表示层。服务需求者通过任务接口将复杂制造任务序列发布到平台中，并将其中元任务所需要的参数、上下文信息等通过信息模型给出，以便平台发现元任务和元服务之间的对应关系。

(2) 制造资源发布模块

制造资源发布模块面向 T 型云制造模式的资源层，是服务提供者所面向的模块，是纵向服务的实现依托。服务提供者通过表示层的资源接口，将资源以规定的信息形式注册到资源池中。

(3) 资源与服务的映射模块

资源与服务的映射模块面向 T 型云制造模式的控制层与服务层。该模块以元任务为基础标准，通过控制层计算服务集与任务之间的关联度，将相似性资源集合到一起形成不同服务集存储于服务层中，实现不同垂直领域中大量资源向服务的转变。

(4) 服务组合评价模块

服务组合评价模块面向控制层，于服务组合优化模块之内实现。服务组合评价模块是实现资源优化配置的关键，是对服务（元服务）组合的效果评估，即对服务组合进行适应度评价，是服务组合优化的决策依据。

(5) 服务组合优化模块

服务组合优化模块面向控制层，是 T 型云制造模式横向服务的来源依据。首先根据元任务序列选择不同的候选服务进行组合，并使用服务组合评价模块计算组合的适应度，其次通过优化方法不断地优化组合，最后选择一个最优组合作为横向服务向用户提供。

2.1.5　T 型云制造模式的优势

T 型云制造模式主要优势体现在如下四个方面。

(1) 模式共享性

统一的运行模式可应用于制造各行业，各企业无须花费大量资金构建自己的专有平台，而是通过共享运行模式采用集成参与方式建立统一平台，或参与到某个现有平台中，不需要大量的投资费用，避免了设备、资金、人力重复投入导致的浪费。

(2) 垂直领域标准统一性

针对不同的垂直领域建立行业标准，使同一垂直领域的不同企业用户具有统一的领域标准，避免了相同垂直领域由于企业之间的信息壁垒导致的信息与资源共享不畅。并且不同领域之间的表述结构相似，便于不同垂直领域用户的相互沟通。

(3) 纵向服务专业性

T 型云制造模式无论从横向集成角度还是纵向行业角度，均是以行业垂直领域的纵向服务为基本单元。首先对行业涉及的领域特性进行分析，然后从企业协同角度进行集成,避免了由于对行业垂直领域分析不全面造成企业协同的失败。

(4) 横向服务灵活适应性

T型云制造模式的服务之间具有灵活的松散耦合关系,发布服务需求的企业可围绕自己的制造需求,对系统提供的不同领域的纵向服务进行编排与构建,实现对服务的定制功能,从而加强企业之间的协作能力。

2.2 关键信息模型

2.2.1 本体建模技术

本体(ontology)是由希腊的"onto"(存在)和"logia"(箴言录)派生而来的。Mateos[64]对本体进行了定义:"本体是一种关于存在性、本质和规律的表述,其目的是获取知识,并获得对该领域知识或概念的共同理解,确定该领域词汇的统一,使词汇之间关系的定义形式化和标准化"。即本体是一种"对共享概念系统正式的、清晰的和细致的描述"。

本体是一种具有结构化特征的特殊类型的术语集,目的是使领域知识明确、消除歧义、协定相同的定义。本体以模块化的方式设计,使机器和人类之间实现知识共享,为数据标准化提供了一个灵活的框架。使用本体建模的优势有以下四点:

① 视图清晰。本体提供了一个简化的和可理解的领域视图,可以明确地表示概念及其之间的相互关系,可以使相应的设备成为固件,便于清晰地展示视图。

② 模型共享。不同的系统和提供者有不同的服务描述方式,而本体可以提供一个共享模型,避免由于描述方式不同造成通信不畅的问题。

③ 知识化表达。利用本体的方法和手段,可以使描述对象的功能以可重用的知识模型表示,从而较好地表示其概念之间的关系。

④ 上下文清晰。对象知识需要清晰地构建属性信息,如任务要求、流程技术和精度等,使用本体建模可以对其上下文进行有效表达[65]。

制造业是传统应用本体的主要领域之一。工业4.0对制造系统的建模给出了具体的要求:在完全自动化的制造环境中,制造资源需要共享术语和模型来使计算机系统与制造行为之间有效地交互。本体可以通过互操作性的方式将资源、任务以模型化方式进行表达,并将信息组织成数据和知识,从而限制信息复杂性[66]。所以使用本体对资源及任务建模有利于资源与任务的人机可读,同时便于实现制造资源的信息共享与有效交互。

2.2.2 信息建模分析

在 T 型云制造模式下，元资源、元服务与元任务存在以下三个特征：

① 数量大。服务需求者在 T 型云制造模式平台中发布复杂制造任务，T 型云制造模式平台为其提供相关横向服务。服务需求者可同时发布多个任务，或多个服务需求者同时发布任务，所以任务数量庞大、形式复杂。同时，元资源数量随着企业数量与所发布资源的增多而增多，继而元服务的数量也不断增多。

② 具有专业领域特性。对于真实制造过程而言，制造任务的行为过程处于专业领域，但各中小企业所属领域不同，且元资源随着所属行业不同，领域特性也不同，进一步地，元服务也具有专业领域特性。

③ 信息异构。实际情况下，由于企业不同、人员背景知识的不同，导致制造资源与任务之间，或相同类型的制造资源之间具有描述异构、描述模糊、单位量纲不对应等问题。所以元资源、元服务与元任务具有信息异构性。

制造资源的信息模型决定着制造资源的存在形式与成为服务的可用性。制造资源的信息模型必须能够涵盖来自不同企业任意数量的设备能力和数据，使制造资源信息模型高度自适应且通用[67]。任务的信息模型体现任务的特性需求，为企业发布任务提供一个既定的描述结构。良好的信息模型将资源与任务的信息通过模式化表示，可以屏蔽二者在底层信息结构上的差异，简化表示方式，为云制造服务的工作提供支持。对于 T 型云制造模式，元资源、元服务及元任务的描述方式既要体现所在行业的领域特性，又要统一描述结构，所以需要一个具有统一而又体现领域特性的描述方式。T 型云制造模式的相关信息模型需求如下。

① 信息完整且模式统一。元资源、元服务与元任务的建模需要在满足基本信息完整的前提下进行结构化描述，通过标准化，最大限度地降低特定知识环境的成本。

② 人机交互。人与机器共同构成决策主体并在信息系统中实施交互，所以信息模型需要便于人与机器的交互。

③ 行业垂直领域分明。将元资源根据不同特性与行业垂直领域等进化划分，使元服务具有鲜明的领域特性，便于形成自组织、自循环的各技术环节，使资源可按照任务需求组成不同规模、不同领域的服务集。

④ 信息空间与物理系统融合。智能制造具有生产过程中信息感知、获取与分析的能力，所以在操作系统中，各类资源均存在一个与之对应的服务模

型，有助于实现信息空间与物理系统的融合，从而提升自动化水平。

本体建模具有两种常用方式：自顶向下与自底向上。自顶向下是由领域专家从宏观角度建立抽象的概念架构，然后不断细化来构建通用本体模型。自底向上是根据具体事物的特性，通过本体语言对其进行形式化描述，然后通过不断地填充、细化，最后抽象出概念间关系。本书结合这两种常用方式来构建元资源、元服务与元任务的信息模型，具体步骤为如下三步。

① 确定本体的专业领域。本体描述的范围是生产过程中涉及的所有制造资源及任务，其用途是对资源及任务的描述，信息覆盖了基础信息、功能、使用成本等属性。

② 枚举本体的重要术语。本体的术语主要包括概念与属性两种，通过这两个术语可以较好地描述本体的本质信息。

概念（concept）：往往通过多种不同的方式来表达，它们以抽象实体的形式存在于思维中，并且不依赖于其表达术语。

属性（property）：是指某一概念具备的特点与特征。

③ 描述概念的属性及属性间约束。属性是概念的内部结构，包括本身固有属性与外部属性两种。固有属性是其本质表述特征，缺少一个特征描述，会造成概念的定义不完整。外部属性是人们根据其特征附加的特性描述与特点的归纳。

2.2.3 关键信息模型建立

(1) 元资源与元服务信息模型

随着先进制造技术及新型生产模式的产生，制造资源的组织形式、提供方式、管理方式等均发生了变化[68]。制造资源由提供者自主维护，需求方无须着眼其管理与维护，仅关注资源的使用即可。

元资源的本体模型主要包含三个部分：基本属性、功能属性和质量属性。元资源模型表达为

$$元资源 = \{基本属性, 功能属性, 质量属性\}$$

在元资源概念下，基本属性用于描述资源的基础信息。功能属性是指元资源的实际加工参数等信息，是决定最终服务效果的重要属性，同时也是所处领域特性的体现。功能属性中，每个属性的参数信息不是仅一个值，而是可自增或自减的。质量属性是不包含功能参数信息但对需求方而言需要额外考虑的属性，是提高效益、降低成本的重要指标。基本属性属于固有属性，不可以增加或减少属性值，否则影响元资源的定义，而其他两个属性都属于外部属性。图 2.6 展示了一个元资源模型的示例。

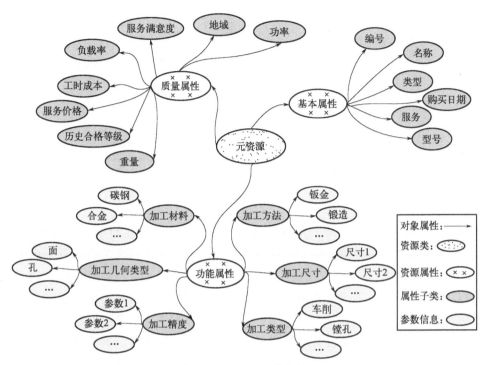

图 2.6 元资源本体结构

元资源信息模型中的关键属性表示如下：
基本属性＝{编号,名称,类型,购买日期,服务,型号}
功能属性＝{加工精度,加工类型,加工方法,加工尺寸,加工材料,加工几何类型}
其中,加工方法＝{钣金,锻造,…};加工类型＝{车削,镗孔,…}
质量属性＝{服务价格,历史合格等级,功率,重量,工时成本,…}

在 T 型云制造模式下,将元资源映射为元服务。所以,元服务的本体结构继承了元资源的结构。二者之间的关系如图 2.7 所示,元服务的服务描述、服务功能、服务质量分别继承了元资源的基本属性、功能属性与质量属性的本体结构。同元资源概念相同,元服务是基本概念,服务描述属于固有属性,不可以增加或减少字段,其余三个属性都属于外部属性。

元服务的信息模型如下：
元服务＝{服务描述,服务功能,服务质量}
服务描述＝{编号,名称,类型,购买日期,服务,型号}
服务功能＝{加工精度,加工类型,加工方法,加工尺寸,加工材料,加工几何类型}
服务质量＝{服务价格,历史合格等级,功率,重量,工时成本,…}

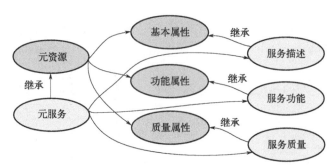

图 2.7 元资源与元服务之间的关系

(2) 元任务信息模式

在 T 型云制造模式下,随着需求的不同,元任务的发布信息结构不同,包括所需要的服务类别、参数、描述方式等。一方面,一个复杂任务是由多个元任务组合而成,元任务之间有不同的流程,包括串行、并行、选择和循环,或者是基于这四个流程的混合结构,所以元任务模型需要反映任务的结构以及与其他任务的关系。另一方面,任务质量需求一般没有明确要求,或者是给出了模糊的需求,如可接受的价格处于一个区间值,合格精度的要求也较为模糊,所以元任务模型应具有质量需求的模糊表述能力。元任务模型表达为

元任务＝{基本属性,功能属性,质量属性,流程属性}

对于元任务的概念而言,基本属性用于描述任务的一些基础信息,如名称、需求描述等。功能属性用于说明元任务的功能性参数需求。质量属性描述了发布任务的一些质量需求,目的在于提高效益,降低成本。流程属性描述了发布的任务之间的流程关系。其中,基本属性、流程属性、功能属性都属于固有属性,不可自增加或减少,而质量属于外部属性,当缺乏部分描述时不影响元任务的描述。

如图 2.8 展示了一个元任务模型的示例,其信息模型的关键属性表示如下:

基本属性＝{编号,名称,需求描述}
功能属性＝{加工几何类型,加工材料,加工精度,加工类型,加工尺寸,加工方法}
质量属性＝{价格,地域,合格等级,合格率}
流程属性＝{前任务,后任务,流程结构}

这个模型的建立,描述了该任务的基础信息、需求的参数信息、所处流程结构,以及不包含参数信息但对需求方而言额外考虑的重要因素。

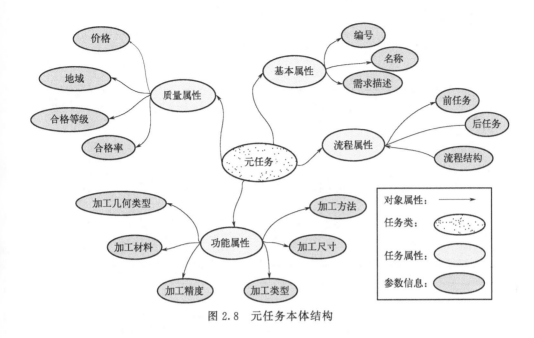

图 2.8 元任务本体结构

2.2.4 资源优化配置的流程信息

T型云制造模式以横向服务的方式促进企业间的协作,资源优化配置是获取优质横向服务的手段。根据T型云制造的运行机理,资源优化配置主要将资源映射成为元服务,然后将元服务进行组合并不断评价与优化,最终获取横向服务。其流程主要包括4步:首先发布任务与资源;其次根据元任务序列的内容和要求,以每个元任务为基准实现资源到服务的映射,为每个元任务获取具有相应能力的服务集;再次根据任务序列将服务集中的服务进行组合;最后对生成的各种服务组合进行评价、优化、再评价,不断迭代,直至满足终止条件,选择适应度值最佳的制造服务组合成为横向服务。具体过程如图2.9所示,对应流程中的信息形式如下:

(1) 任务与资源发布

发布复杂制造任务(total task)模型,用 T 表示,$T=\{t_1,t_2,t_3,\cdots,t_{n-1},t_n\}$。其中:

$t = \{tBasic, tQoSP, tFoSP, tPro\}$;

$tQoSP = \{tQoSP_1, tQoSP_2, tQoSP_3, \cdots\}$;

$tFoSP = \{tFoSP_1, tFoSP_2, tFoSP_3, \cdots\}$。

发布的复杂制造任务 T 由 n 个元任务(meta task)构成,元任务用 t 表示,每个元任务最少有一个服务可以作为其候选服务。每个元任务需要包含基本属性

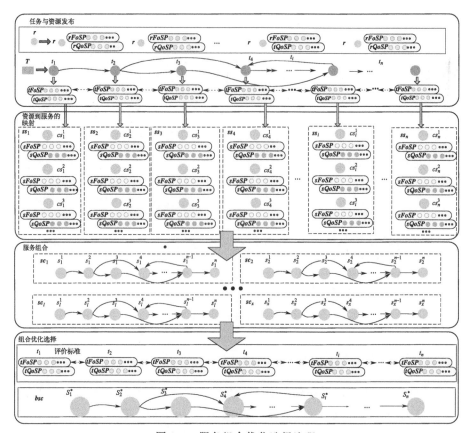

图 2.9 服务组合优化选择流程

$tBasic$、要求的质量属性 $tQoSP$、功能属性 $tFoSP$、任务流程信息 $tPro$。其中，$tQoSP$ 包含了所有的任务质量参数值；$tFoSP$ 包含了所有的任务功能参数值。

发布元资源（resource）模型，用 r 表示：$r = \{rBasic, rQoSP, rFoSP\}$，其中：

$rQoSP = \{rQoSP_1, rQoSP_2, rQoSP_3, \cdots\}$；

$rFoSP = \{rFoSP_1, rFoSP_2, rFoSP_3, \cdots\}$。

每个元资源包含基础属性 $rBasic$、质量属性 $rQoSP$、功能属性 $rFoSP$。其中，$rQoSP$ 包含了所有的资源质量参数值，$rFoSP$ 包含了所有的资源功能参数值。

（2）资源到服务的映射

资源到服务的映射就是根据服务与元任务之间的描述模型，基于元任务基本需求，按照一定规则映射，实现资源的服务化。根据给定的任务要求，搜索每个元任务对应的所有合格的元资源，将每个合格的元资源映射成为元服务，并依据元任务划分到相应的服务集（service set）中，服务集用 ss_i 表示。元任务 t_i 的服务集为 $ss_i = \{ms_i^1, ms_i^2, ms_i^3, \cdots, ms_i^{m_i-1}, ms_i^{m_i}\}$，其中，$ms$ 表示元服务（meta service），i 表示服务集中的元服务编号，m_i 表示候选服务数。

元服务继承了元资源的信息结构，表示为 $ms = \{sBasic, sQoSP, sFoSP\}$。其中，$sBasic$ 是服务的描述属性；$sQoSP$，是服务的质量属性，包含了所有服务的质量参数值，$sQoSP = \{sQoSP_1, sQoSP_2, sQoSP_3, \cdots\}$；$sFoSP$ 是服务可提供的功能属性，包含了所有服务的功能属性参数值，$sFoSP = \{sFoSP_1, sFoSP_2, sFoSP_3, \cdots\}$。

（3）服务组合

服务组合是候选服务根据元任务流程进行的组合，共同完成任务 T。如服务组合 $sc_l = \{s_l^1, s_l^2, s_l^3, \cdots, s_l^n\}$，符号 l 表示服务组合的编号，s 表示服务，即服务集中的元服务 ms，其上标表示对应任务的序号，n 表示候选服务数。如 s_3^6 表示该服务是第 3 个服务组合的第 6 个任务对应的服务。

（4）组合优化选择

服务组合评价是对服务组合进行适应度的计算，是判断配置优劣的指标，表示为 $f(\cdot)$。服务组合优化是对若干组合不断评价与优化，从中选择出一组最优组合，bsc，作为横向服务来最大限度地满足任务要求提供给服务需求者。

2.3 本章小结

本章提出了 T 型云制造模式，建立了模式架构，对其运行要素与运行机理进行了阐述。在定义的元资源、元服务、复杂制造任务和元任务的基础上，根据信息特性，建立了关键信息模型，并根据 T 型云制造模式下资源优化配置流程，对每步涉及的信息模式进行了细化。

第 3 章
T型云制造模式下资源到服务映射

实现资源到服务的映射,是T型云制造模式获取纵向服务的方法。针对T型云制造模式下资源数据存在类目未知、分布非圆形且稀疏度不一的问题,本章提出基于划分趋势度的聚类(division trend-means clustering, Dt-means)算法,实现依据任务来完成制造资源到服务的映射。

3.1 资源到服务映射的理论基础

3.1.1 资源到服务映射描述

Spohrer等对服务进行了定义[69]:"服务通常指为他人带来利益能力(资源、知识)的应用,是能力(资源、知识)应用的一个名词化定义,即将某类能力(资源、知识)定义成为一个约定的、标准的信息化知识,便于人们用概念框架、理论、模型来表达这一能力(资源、知识)。"

服务映射是根据要求将资源或能力转换成为服务的一种手段,并将各种资源或能力以不同的服务模式为用户所提供。如设计即服务(design as a service, DaaS)[70]、制造即服务(manufacturing as a service, MFGaaS)[71]、调度即服务(scheduling as a service, SaaS)[72]、仿真即服务(simulation as a service, SIaaS)[73]、管理即服务(management as a service, MaaS)[74]和集成即服务(integration as a service, INTaaS)[75]。

传统的资源到服务的映射方法是根据任务需求从制造资源信息目录中查找可用资源,提取资源的领域特征并用工程特性语言表示其服务优势。但随着中小企业的增加,资源数量日益增长,资源类型混杂,服务界定不明确,并且由于人工知识结构不同,对设备的认知不同,会导致服务映射错误,出现服务不可用等问题。而资源到服务的映射效果影响着资源共享利用的效率和服务适用等级,进一步地制约着资源配置的合理性。聚类方法可以将全部资源与任务对比,将具有相似类型、类似等级的资源划分到同一个服务集,提高服务选择效率。

在T型云制造模式下,每一个元任务都对应着许多功能相同的元资源,但服务的合格等级随着元资源的特征参数的差异而不同。T型云制造模式下资源到服务映射的过程主要以元任务的信息特性为基础,对元资源进行聚类划分,根据元资源完成元任务的优势形成不同的服务集。每个服务集由于是同类资源的集合,所以信息模型结构相同,并且根据服务集中心与任务的关系,可以定义服务集的合格等级。如图3.1所示,使用聚类算法将元资源进行映射,映射结果是形成3个服务集,每个服务集中所有元素的信息属性相同,并根据服务集的中心(类中心)定义所属服务集的合格等级。

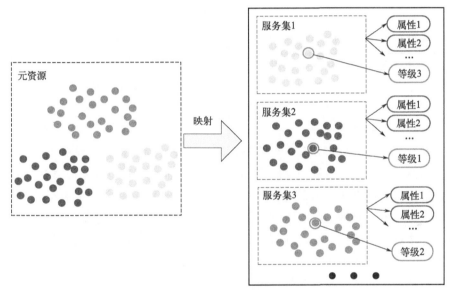

图3.1 元资源到元服务映射

3.1.2 聚类的基本理论

(1)聚类的概念

聚类的最初目的是将有相似特性的数据放到同一类,相异的数据放到不同类[76],即将没有分类标签的数据集,根据数据间相似度分为若干类,属于一种无监督的学习方法。

聚类描述为:对于一个包含 n 个数据的数据集 D, $D=\{x_1,x_2,\cdots,x_i,\cdots,x_n\}$,数据点 x_i 是数据集 D 内的普通样本点,表示为 $x_i=(x_i^1,x_i^2,\cdots x_i^d)$, d 表示该数据集的属性维度。根据准则函数 $G(\cdot)$ 将数据集 D 划分为若干个类,即 $D=\{C_1,C_2,\cdots,C_k\}$,其中 $k\leqslant n$。聚类的目标是使类间的准则函数

$G(\cdot)$ 最小化。以类 C 为例,准则函数最小化公式如下:

$$G(\boldsymbol{C}) = \arg\min \sum_{i=1, j=1}^{n,k} \{\|\boldsymbol{x}_i - \boldsymbol{c}\|\}, i=1,2,\cdots,n$$

$$\text{s.t.} \ \boldsymbol{x}_i, \boldsymbol{c} \in \boldsymbol{C} \tag{3.1}$$

划分后的数据集需满足如下条件。

$$\begin{cases} \boldsymbol{C}_i \neq \varnothing, i=1,2,\cdots,k \\ \bigcup_{i=1}^{k} \boldsymbol{C}_i = \boldsymbol{D} \\ \boldsymbol{C}_i \cap \boldsymbol{C}_j = \varnothing, i,j=1,2,\cdots,k; i \neq j \end{cases} \tag{3.2}$$

聚类使处于同一类的数据具有较高的相似度,不同类的数据点相似度较低,划分后的数据点具有"类内相似性,类间排他性"的特性。由于聚类不使用数据标签,过程只依据数据本身,所以能够发现数据中潜在的知识,经常被用于市场分类、基因分析、文档分类、用户分析等。

(2) 聚类的执行过程

典型的聚类划分主要有三个阶段,即数据预处理、算法过程和算法结果,流程如图 3.2 所示。数据预处理是指对即将处理的数据进行预先的调整,包括数据清洗(去除有明显错误的数据)、数据填充(补充一些丢失的数据)、特征提取(挑选出重要的特征)等手段,目的在于将数据处理成为可用的规整数据。算法过程主要包含参数预设和执行过程。参数预设是指算法执行过程中需要预设参数来完成算法流程。执行过程是聚类算法的核心过程,不同类型的聚类算法基于不同的假设,执行过程也不同,可以产生不同的聚类结果。算法结果是将执行完算法过程的结果进行存储、输出和可视化展示等,并对输出的结果进行合理化解释与分析。

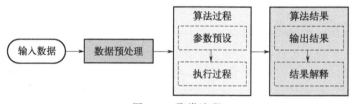

图 3.2 聚类流程

(3) 聚类的划分

聚类算法可根据数据隶属度与算法过程划分为两种类型。

按照隶属度,聚类算法可以继续划分为硬聚类和软聚类两种。硬聚类是指数据聚类后的结果取值十分明确,只能完全地属于某一个类或者完全地不属于某一个类(隶属度取值只有 0 或 1)。传统的聚类方法大都属于这一类,如 k-means、Birch 和 DPCA(clustering by fast search and find of density peak)[77]等。软聚类也叫作模糊聚类算法,指的是聚类的结果不是简单地将每个数据点划入单独的类中,而是得出该数据点在这些类中的概率或可能性,如 Fuzzy C-means。

依据算法过程,聚类算法可以分为基于划分的聚类算法、基于层次的聚类算法、基于密度的聚类算法、基于网格的聚类算法和基于模型的聚类算法 5 类。每类方法各有优势和劣势。

① 基于划分的聚类算法。基于划分的聚类算法也叫作基于分区的聚类算法或基于距离的聚类算法,目的是使"类内的数据点都足够近,类间的数据点都足够远",代表算法有 k-means 等。这类算法优势是思想简单并且易于实现,缺点是算法运行结果十分依赖参数的设置,并且仅适用于类圆形分布的数据集,数据量大时容易陷入局部最优点。

② 基于层次的聚类算法。基于层次的聚类算法基于"数据空间中越靠近的数据点彼此之间的相似性越高,而离得越远的数据点之间的相似性越低"的假设,代表算法有 AGNES(agglomerative nesting,集聚嵌套)[78] 与 DIANA(divisive analysis,分裂分析)[79]。这类算法的主要优点是易于解释,相似度规则,容易定义,限制少,不需要预先指定类的个数,可以发现类之间的层次关系等。主要缺点是计算复杂度太高,离群点可产生很大影响,最终聚类结果很可能呈链状形式。

③ 基于密度的聚类算法。基于密度的聚类方法的主要目标是寻找被低密度区域分离的高密度区域。该类算法从数据点的分布密度出发,将密度足够大的核心数据连接起来,从而可以发现任意形状的类。代表算法有 DBSCAN(density-based spatial clustering of applications with noise,基于密度的含噪声空间聚类应用)[80] 和 DPCA[77] 等,优点是能够克服基于距离的算法只能进行"类圆形"(凸)聚类的缺点,可发现任意形状的类,且对噪声数据不敏感,但其时间复杂度较高,运行效率较低。

④ 基于网格的聚类算法。基于网格的聚类算法的基本思想是将每个属性的区间值划分成许多相邻的子区间,并根据属性维数创建网格单元,每个数据落入一个网格单元,网格单元对应的属性区间包含该数据点的值,再通过判断高密度网格,将相连的高密度网格划分为一类来完成聚类,代表算法有 STING(statistical information grid,统计信息网格)[81]。优点是处理速度快,计算复杂度低,缺点是只能发现边界是水平或垂直的类,而不能检测到斜

边界。

⑤ 基于模型的聚类算法。基于模型的聚类算法是根据数据点属于同一分布模型（如正态分布、高斯分布等模型）的可能性来完成数据划分，代表算法有 GMM(Gaussian mixture model，高斯混合模型)[82] 等。这类算法的优点是对类的划分以概率形式表现，每一类的特征也可以用参数来表达。但这类算法在没有对模型的复杂性加以约束的前提下，会面临过度拟合的问题。同时，由于所选择的模型需要解释数据集，这会导致模型选择困难，并且对于许多制造资源数据集，并没有定义明确的数学模型。

3.1.3　k-means 算法的实现过程

在制造资源到服务的映射研究中，由于 k-means 算法实现简单、服务等级划分理想的优势，作为资源到服务映射的基础方法被人们广泛研究[83,84]。

k-means 算法[85] 是起源于信号处理中一种向量的量化方法，目前是数据挖掘领域中最常用的聚类分析方法之一。其目的在于将 n 个数据点的数据集 $D=\{x_1,x_2,\cdots,x_i,\cdots,x_n\}$ 划分到 k 个类中，$D=\{C_1,C_2,\cdots,C_k\}$，使每个数据点都属于且仅属于离它最近的类中心所对应的类。对于 k-means 而言，首先需要初始化 k 个类中心 $\{c_1,c_2,\cdots,c_k\}$，$1<k\leqslant n$。然后通过计算每个数据点到类中心的欧氏距离来划分所属类。再通过不断地修正子类中心与重新划分数据，最终完成聚类。

类中心就是类内所有对象在各个维度的均值，其计算方式如下：

$$c_t = \frac{\sum_{x_i \in C_t} x_i}{|C_t|} \tag{3.3}$$

k-means 算法流程如下：

算法：k-means

输入：数据集 $D=\{x_1,x_2,\cdots,x_i,\cdots,x_n\}$；类数目 k。

输出：类划分 $D=\{C_1,C_2,\cdots,C_k\}$

1：从数据集 D 中随机选择 k 个数据点作为初始化中心 $\{a_1,a_2,\cdots,a_j,\cdots,a_k\}$。

2：$C_i=\varnothing (1\leqslant j\leqslant k)$

3：repeat

4：　for $i=1,2,\cdots,n$ do

5：　　$d_{ij}=\|x_i-a_j\|_2$　　♯计算数据点 x_i 与各初始化中心的距离

6：　　$\lambda_j=\arg\min j\in\{1,2,\cdots,k\}d_{ij}$

\# 根据距离最近的初始化中心确定数据点 x_i 所属的类,并进行标记 λ_j
7:　　　$C_{\lambda_j} = C_{\lambda_j} \bigcup \{x_i\}$　　　　\# 将数据点 x_i 划入相应的第 j 类中
8:　　end for
9:　　for $j = 1, 2, \cdots, k$ do
10:　　　　$\{a_1', a_2', \cdots, a_j', \cdots, a_k'\}$　　　\# 计算每个类目新的中心点
11:　　　if $a_j' \neq a_j$ then
12:　　　　　$a_j = a_j'$　　　　　　　　　\# 更新当前类中心
13:　　　end if
14:　　end for
15: until $\{a_1, a_2, \cdots, a_j, \cdots, a_k\} = \{a_1', a_2', \cdots, a_j', \cdots, a_k'\}$
　　　　　　　　　　\# 当前类中心均不改变

从算法流程来看 k-means 算法计算主要概括为两个步骤:

① 计算每一个数据点到类中心的距离,根据数据点与类中心最短的距离来划分数据点所属类;

② 根据类内的数据点计算新的类中心。

不断重复这两个步骤,直到所有类中心不再变化为止。

k-means 算法的优点:

① 可以根据已知的数据点类别,进行其余部分的数据点划分;

② 具有优化迭代效果,在聚类过程中优化了初始数据分布不合理的情况。

3.2　T型云制造模式下聚类实现制造资源到服务映射存在问题分析

服务映射是每个资源根据任务需求的不同,计算满足任务的级别,并以服务形式存在于对应的服务集中。T型云制造模式的资源到服务映射采取聚类的方式,通过将同功能、同级别的元资源聚合到一起,形成服务集来实现资源到服务的快速映射。但根据制造资源特性使用聚类的方式存在三个不容忽视的问题,导致不合理的映射结果。

(1) 类数目难以准确设定

由于资源映射的服务集数目未知,所以无法准确预设类目。如图3.3所示是对测试数据集 4circle 使用基于划分方式的聚类结果(设置类目为3)。可以明显看出,当前数据集的类数应分为4个,但聚类结果为3类。对于资源到服务的映射而言,服务集的数目指定错误,将导致服务集划分不准确。

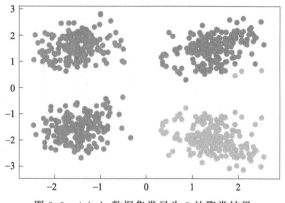

图 3.3 4circle 数据集类目为 3 的聚类结果

（2）数据点分布形状不是类圆形或分布界限不清晰

T 型云制造模式下资源数据存在类目复杂、属性众多等特性，所以数据分布形状难以提前预知，更无法保证是分布界限清晰的类圆形分布。如图 3.4 所示，测试数据集 Aggregation 是由若干圆形与一个半圆形的数据集组成，并且有部分圆形数据集相连，当指定类目数为 7 时，基于划分的聚类与基于层次聚类结果并没有根据数据点的分布形状分为 7 个类。也就是说，当数据分布形状不是类圆形，或存在分布界限不清晰时，即使类目的指定正确，仍会造成聚类结果错误。

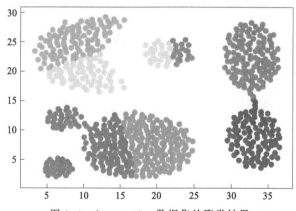

图 3.4 Aggregation 数据集的聚类结果

（3）数据分布不均匀

各类元资源在云中存储的形式为列表，数据点的分布往往会出现一些位置的数据点分布稀疏，而另一些区域数据点分布较稠密的现象，无论哪种聚类方式，都不能完全地解决数据分布不均匀的问题。如图3.5所示是测试数据集Unbalance的聚类结果。由图3.5可以明显看出，该数据集按照数据点分布形状应划分为8类，但由于数据点密度分布不均匀，造成聚类结果错误。

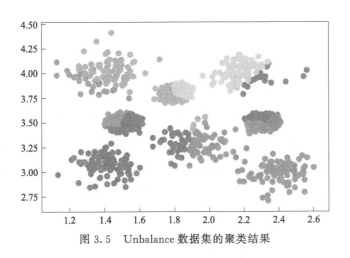

图3.5 Unbalance数据集的聚类结果

本章将主要研究聚类结果的判断，在分布不均匀的情况下，纠正不合理的聚类结果。同时在纠正聚类结果过程中，将非类圆形分布的数据予以处理，从而降低数据形状对聚类过程的影响。

3.3 基于Dt-means算法的资源到服务映射方法

3.3.1 Dt-means算法的主导思想

本节以测试数据集Aggregation为例进行分析。该数据集的类目数为7，包括类圆形分布与非类圆形分布，并且数据分布不均匀，可以较好地模拟元资源在T型云制造模式平台中的分布情况。

使用k-means对测试数据集Aggregation聚类并设置$k=7$，聚类结果如图3.4所示。由于数据集Aggregation并不是一个类圆形数据，且数据点分布不均匀，所以k-means的聚类结果错误。若将k值设置得足够大，Aggregation可以被划分为若干类圆形子类，如图3.6所示。若将紧密相邻的子类合并，可以得到正确的聚类结果。这样可以避免由于数据集分布形状不是类圆形与分布不均匀而造成的聚类失败。

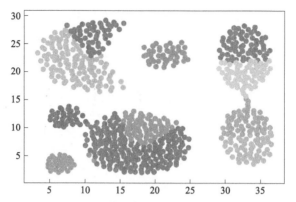

图 3.6 Aggregation 数据集的 k-means 聚类结果（$k=10$）

基于此，本书提出了基于划分趋势度的聚类（division trend-means，Dt-means）算法。该算法在基于 k-means 结果的基础上，分析结果中各子类的形状与分布情况，判断聚类结果中子类是否需要进一步划分。当某一子类形状不是类圆形或数据分布不均匀，说明该子类需要进一步划分。通过不断地划分与判断，直到整个数据集划分为多个类圆形且分布均匀的子类。最后将紧密相邻的子类整合到一起，从而最终完成聚类。

3.3.2 Dt-means 算法的关键概念

(1) 划分趋势度

根据 Dt-means 的算法思想，需要对 k-means 结果的子类进行分析，判断是否需要进一步划分。基于此，本书提出了划分趋势度概念，用于判断子类的形状是否为类圆形及是否分布均匀。

在介绍类的划分趋势度之前，此处首先给出类内离散度的定义，再根据类内离散度定义划分趋势度。

定义 3.1 类内离散度（degree of intra-class compactness，DIC）：用于表示类内数据点分布的离散程度。计算公式如下：

$$DIC = 1 - e^S \tag{3.4}$$

其中，

$$S = \frac{\sigma}{\nu}$$

$$\sigma = -1 \times \sqrt{\sum_{i=1}^{n}[\text{distance}(\boldsymbol{c}, \boldsymbol{x}_i) - \nu]^2}$$

$$\nu = \left[\sum_{i=1}^{n} \text{distance}(\boldsymbol{c}, \boldsymbol{x}_i)\right]/n$$

假设在一个类 C 中，中心为 c；类中心 c 和其他数据之间的标准差与平均距离之比称为差异度（S），它代表了一个类中所有数据点的差异程度。差异度越大，表示该类数据点的离散程度越高，类中的数据点越可能不属于同一类。根据定义可知，类内离散度的取值范围为 0～1。

类内离散度用于评估当前类数据点分布的离散度，即数据点分布的稀疏性，而不考虑当前类的内聚性与其余类之间的关系。它考虑了参数属性个数和属性维度的影响，消除了由于数据点数量不同而无法比较的情况，并且可以真正反映类的紧密程度。类内离散度越大，类内的数据点分布越松散；反之，数据点分布紧密度越强。

定理 3.1 若一个类分布稀疏，则该类的类内离散度较大；反之，类内离散度较小。

假设有两个类圆形类 C_i 和 C_j，二者的数据点数量均为 n（即 $|C_i|=|C_j|=n$），C_i 的稀疏度大于 C_j。C_i 和 C_j 中普通数据点 x_i、x_j 和类中心 c_i、c_j 之间的距离分别为 d_i 和 d_j。类内距离的计算公式为

$$d=\sum \|c, x_k\| - \nu, k \in (1,n), 且 i \neq k$$

由于 C_i 的稀疏度大于 C_j，所以 $d_i > d_j$，进而 $\sigma_i > \sigma_j$，所以，$DIC(C_i) > DIC(C_j)$。反之，略。

定理 3.2 若一个类分布不规则，则该类的类内离散度较大；反之，类内离散度较小。

假设有分布稀疏情况一致的两个类 C_i 和 C_j，这两个类的数据点数量均为 n（即 $|C_i|=|C_j|=n$），且 C_i 分布不规则，C_j 为类圆形分布。那么 C_i 中心到最远的数据点距离必然大于 C_j 中心到最远的数据点的距离，进而类 C_i 的离散程度大于类 C_j。反之，略。

定义 3.2 划分趋势度（division trend degree，DTD）：是计算一个类 C 是否需要继续划分的程度。

假定该类已指定被划分为两类，并通过 k-means 算法将数据划分为两个子类 C_1 和 C_2，对比划分前与划分后的类内离散度，判断是否需要真实划分。

$$DTD(C) = \frac{DIC(C) - \text{ave}[DIC(C_1), DIC(C_2)]}{DIC(C)} \tag{3.5}$$

若 $DTD(C) \leq 0$，说明划分后的子类紧密度降低，则不对原类目 C 进行划分。若 $DTD(C) > 0$，则说明子类的紧密度有所提高，说明划分有效。设定划分阈值 ω，$\omega \in (0,1)$，当 $DTD(C) > \omega$，则对类 C 进行划分，若 $DTD(C) \leq \omega$，则对类 C 不进行划分。

(2) 同一可并子类

根据 Dt-means 算法的思想，需要将紧密相邻的子类进行合并。根据"同一数据集中，相邻子类的相似性较大"的原则判断两个相邻子类是否可以合并。基于此，本书提出了同一可并子类概念，用于判断两个子类是否可以进行合并。

定义 3.3 同一可并子类（mergable subclass，MS）：假设有两个类 C_i 和 C_j，它们的中心分别是 c_i 和 c_j。如果 c_i 和 c_j 之间的距离小于两组类中心到所属类所有点的最远距离之和，记为 $CRR(C_i)+CRR(C_j)$，那么称 C_i 和 C_j 是同一可并子类，可合并为同一个类。

$$MS(c_i,c_j)=\{\exists c_i \in C_i, \exists c_j \in C_j \mid \text{distance}(c_i,c_j) \leqslant (CRR(C_i)+CRR(C_j))\}$$
$$CRR(C)=\{\forall x_i \in C \mid \text{maxdistance}(c,x_i)\} \tag{3.6}$$

3.3.3 Dt-means 算法实现资源到服务的映射流程

在利用 Dt-means 算法实现资源到服务的映射时，需要对任务与资源之间的参数进行处理，重新定义距离计算公式。Dt-means 算法的基本流程如图 3.7 所示，主要分为初始 k-means 聚类划分、子类划分和子类合并三部分。首先，根据经验设定初始 k 值，对资源集使用 k-means 聚类算法进行划分。其次，根据 k-means 算法的结果，依次分析每个子类，判断其是否需要进一步划分，若需要划分，则划分该类为两个新的子类，修正子类中心，继续分析这两个子类是否需要继续划分；若不需要划分，则继续分析下一个子类。直到所有子类都分析完毕。这个过程的目的是将初始的 k-means 聚类的结果划分为若干个类圆形且分布均匀的子类。最后，合并同一可并子类，完成资源到服务的映射。k-means 聚类算法前面已经进行介绍。接下来将详细介绍子类划分与子类合并。在介绍子类划分与子类合并之前，首先要对资源的距离计算公式进行说明。

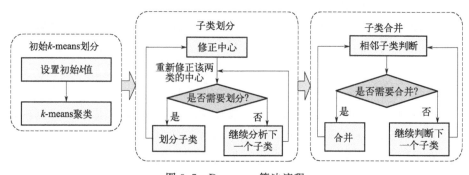

图 3.7 Dt-means 算法流程

(1) 距离公式

以元任务 $t = \{tBasic, tQoSP, tFoSP, tPro\}$，$tFoSP = \{tFoSP_1, tFoSP_2, tFoSP_3, \cdots\}$ 为标准对资源集进行划分。以资源 r 为例，属性为 $r = \{rBasic, rQoSP, rFoSP\}$，类中心为 $c = \{cBasic, cQoSP, cFoSP\}$，其中 $cFoSP = \{cFoSP_1, cFoSP_2, cFoSP_3, \cdots\}$。以任务为标准，类中心 c 与资源 r 之间的参数根据式(3.7)进行处理，距离计算根据式(3.8)进行。

$$\begin{aligned}
rP_1 &= tFoSP_1 - rFoSP_1 \\
cP_1 &= tFoSP_1 - cFoSP_1 \\
rP_2 &= tFoSP_2 - rFoSP_2 \\
cP_2 &= tFoSP_2 - cFoSP_2 \\
rP_3 &= tFoSP_2 - rFoSP_3 \\
cP_3 &= tFoSP_2 - cFoSP_3 \\
&\cdots
\end{aligned} \tag{3.7}$$

$$\begin{aligned}
\mathrm{distance}(r,c) &= \psi \times \sqrt{(rP_1-cP_1)^2+(rP_2-cP_2)^2+(rP_3-cP_3)^2\cdots} \\
&= \psi \times \sqrt{(cFoSP_1-rFoSP_1)^2+(cFoSP_2-rFoSP_2)^2+(cFoSP_3-rFoSP_3)^2\cdots} \\
\psi &= \begin{cases} 1, rBasic = cBasic = tBasic \\ 0, c \neq r \end{cases}
\end{aligned} \tag{3.8}$$

使用上述公式替代 Dt-means 算法中所遇到的距离计算公式，实现资源到类中心的距离计算。在任务 t 的服务集 C 中，判断新的资源 r 与当前类中心 c 是否为同类资源。若 r、c 是同类资源，则 r 聚类到该服务集中；反之，r 不参与聚类。

(2) 子类划分

子类的划分首先需要对当前类进行分析，判断该类分布是否均匀，或分布形状是否为类圆形，若分布不均匀或不是类圆形分布，则需要对当前类进行子类划分。根据当前类的划分趋势度来进行判断。

首先假设对类 C 使用 k-means 划分，且 $k=2$。划分完成后，计算类 C 的划分趋势度，若类 $DDT(C) > \omega$，则类 C 真实划分为两个子类，并重新判断划分后的子类是否需要继续划分；若 $DDT(C) \leqslant \omega$，不划分该类，继续分析下一个子类。直到分析完所有类，完成所有类的子类划分。

子类划分算法伪代码如下：

算法：Divide

输入：类 C；划分阈值 ω。

输出：子类 C_1，C_2 或 C
1： C_1，C_2 = k-means($k=2$,C)
　　　　　　　　　＃将类 C 通过 k-means 算法划分成两个子类
2： $DTD(C) = \dfrac{DIC(C) - \text{ave}[DIC(C_1), DIC(C_2)]}{DIC(C)}$ 　　　　式(3.5)
3：　　if $DTD(C) > \omega$ then
4：　　　　output C_1，C_2
5：　　　　Return 1
6：　　else
7：　　　　output C

(3) 子类合并

在对资源集 D 组进行初始 k-means 聚类与子类划分后，资源集 D 被分为若干个分布均匀的类圆形子类，即 $D = \{C_1, C_2, \cdots, C_m\}$。子类合并阶段是判断所有两两相邻的子类是否属于同一可并子类，当两个子类属于同一可并子类，则将二者合并为一个类，并重新判断该类与其他相邻子类的关系，直到所有两两相邻的子类完成判断。

子类合并算法流程如下：

算法：Merge
输入：子类（C_1，C_2）
输出：服务集（C）或子类（C_1，C_2）
1： $CRR(C_1) = \{\forall x_i \in C_1 | \max \text{distance}(x_i, c_1)\}$
2： $CRR(C_2) = \{\forall x_i \in C_2 | \max \text{distance}(x_i, c_2)\}$
3： if $\text{distance}(c_1, c_2) \leqslant [CRR(C_1) + CRR(C_2)]$ then 　　　式(3.6)
4：　　 $C = C_1 \cup C_2$
5：　　 output C
6：　　 Return 1
7： else：
8：　　 output C_1，C_2
9： end if

(4) Dt-means 实现流程

根据以上划分与合并，结合 k-means 算法，Dt-means 的实现伪代码如下：

算法：Dt-means

输入：数据集 D；划分阈值 ω；分组初值 k。

输出：映射结果

1： $\{C_1, C_2, \cdots, C_k\} = k\text{-means}(D)$
　　　　　　　　　　＃ 对资源集运行 k-means 算法，进行初始划分
2： $l = 0$　　　　　　　　　＃ 用于记录最终划分的子类个数
3： for p in range $(0, k)$：
4：　　if Divide$(C_p, \omega) == 1$ then
　　　　　　　　　　＃ 对可以划分子类的类进行子类划分
5：　　　　$k = k + 1$
6：　　　　$p = p - 1$
7：　　　　$l = l + 1$
8： for p in range $(0, l)$：　　＃ 通过两两判断，将所有可并子类进行合并
9：　　for q in range (p, l)：
10：　　　if merge$(C_p, C_q) == 1$
11：　　　　　$p = 0$，$q = 0$
12：　　end if

3.4　基于 Dt-means 算法资源到服务映射的验证

3.4.1　实验数据集选择及设置

实验平台操作系统为 Windows® 7 professional，开发环境为 Pycharm2019，编程语言为 Python3.7。实验平台的硬件配置为 Intel i7-4510U 双核 CPU 处理器，主频为 2.0GHz，8GB 内存。

为了验证 Dt-means 算法解决制造资源到服务映射问题的准确性和运行效率，本节从测试数据集和制造资源数据集两个角度对算法进行了验证。第一部分选择了不同测试数据集验证了算法的运行结果，并从算法准确性和运行时间两个角度将 Dt-means 算法与三种类似的算法进行比较，分析了 Dt-means 算法的优势和劣势；第二部分收集了制造资源数据集，模拟了以任务为基础的资源到服务的映射，验证了 Dt-means 算法的可行性。

(1) 测试数据集

在测试数据集部分，使用 8 种具有不同数据条数、不同类数、不同数据分布和不同维度的数据集验证 Dt-means 算法的聚类效果，距离计算公式采用欧氏距离。数据集特征如表 3.1 所示。

测试数据集中包括人工数据集与 UCI 数据集两类。

人工数据集有四种：4circle 拥有 800 条数据，分布在 4 个界限分明的类圆形类中；Aggregation 数据集有 788 条数据，分布在 7 个类中，其中两个类相连，一个类分布呈非类圆形；A1 数据集拥有 3000 条数据，分布在 20 个类中，这 20 个类分布均为类圆形；Unbalance 是一种分布不均匀的数据集，共包括 8 个类，其中 3 个类数据分布十分密集，另外 5 个类分布相对比较稀疏。这四种数据集都是二维数据，主要用于展示不同情况下的聚类过程及聚类结果。

表 3.1 测试数据集

数据集	数据名称	数据条数	类数	维度
人工数据集	4circle	800	4	2
	Aggregation	788	7	2
	A1	3000	20	2
	Unbalance	6500	8	2
UCI 数据集	Iris	150	3	4
	Breast	699	2	9
	Pageblock	5473	5	10
	Magic	19020	2	10

UCI 数据集列举比较常用的四种，分别是 Iris、Breast、Pageblock 和 Magic。Iris 数据集是 1936 年由 Fisher 提交的著名的数据库，该数据共有 150 条，通过萼片的长度、宽度等数据来区分鸢尾花的种类；Breast 数据来自美国威斯康星大学医院的沃尔伯格医生收集的乳腺癌临床病例数据，数据共有 699 条，通过结块厚度、细胞大小均匀性等 9 个属性来判断肿瘤性质；Pageblock 数据集由意大利巴里大学的多纳托·马勒巴教授收集，包括 54 个文档中的 5473 条数据，其目的是将页面中的文本数据与图形区域分开；Magic 数据集由捷克共和国计算机科学研究所的萨维奇教授提供，来自大气伽马成像切伦科夫望远镜项目（MAGIC），包括了 19020 条数据，用于区分 gamma 信号数据和 hadron 背景数据。

(2) 制造资源数据集

T 型云制造模式下存在大量的制造资源，并且依据不同任务，制造资源具有功能特性上的差异。本部分以一些切削资源为例，根据不同的车削需求实现资源到服务的映射。可提供不同切削服务的资源共有 1427 个，表 3.2 是其中部分资源与关键参数的展示。

表 3.2 部分切削资源

序号	刀具类型	稳定性	最大切削速度/(mm/min)	最大进给量/(mm/r)	最大切削深度/mm	加工面
R1	粗齿圆柱形铣刀	0.5	85	1.3	2	平面
R2	90°外圆偏刀	0.7	143	0.45	0.9	外圆
R3	麻花钻	1	45	0.48	3.5	孔
R4	镗孔刀	1	55	0.3	0.9	孔
R5	90°端面偏刀	0.3	110	0.45	0.9	平面
R6	粗齿圆柱形铣刀	0.1	85	1.3	2	平面
R7	90°外圆偏刀	0.5	143	0.45	0.9	外圆
R8	盲孔偏刀	0.5	55	0.3	1	孔
R9	粗齿圆柱形铣刀	0.1	100	0.6	1.6	平面
R10	90°外圆偏刀	0.5	143	0.45	0.9	外圆
R11	YT5 镗刀	1	55	0.3	0.9	孔
R12	YT5 镗刀	1	51	0.3	0.9	孔
R13	90°端面偏刀	0.5	26	0.3	0.9	平面
...	...	...	...	...	...	...

3.4.2 实验结果分析

(1) 测试数据集结果分析

① 聚类过程展示。这个部分展示了人工数据集的聚类过程，主要展示了四种人工数据集的初始状态、划分后的状态及子类整合后的状态，设置划分阈值 $\omega=0.4$。

4circle 数据集的聚类过程如图 3.8 所示，在图中可以看出原数据分布为 4 个相互分离的类圆形子类。k-means 初始划分后子图状态如图 3.8(a) 所示，可以看出由于 k 值设定错误，将其数据集错误划分为 3 类。图 3.8(b) 所示是 Dt-means 聚类结果，可以看出 Dt-means 纠正了 k-means 算法的 k 值设定错误问题，将数据集进行了正确划分。

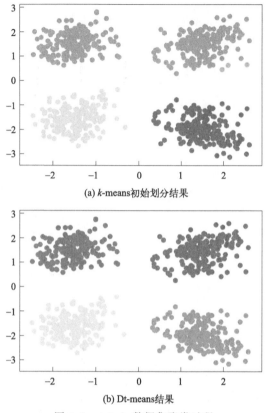

(a) k-means初始划分结果

(b) Dt-means结果

图 3.8　4circle 数据集聚类过程

　　Aggregation 数据集的聚类结果如图 3.9 所示。由图可以看出部分类间存在数据相连的情况。k-means 初始划分的情况如图 3.9(a) 所示，存在非类圆形与分布界限不清晰的子类划分错误。Dt-means 合并后获得了比较理想的聚类效果，如图 3.9(b) 所示，即 Dt-means 可用于在数据分布非类圆形且存在分布界限不清晰情况下的聚类。

　　Unbalance 数据集是由 6500 条分布不均匀的数据构成。其聚类过程如图 3.10 所示，可见存在 3 个分布密集的子类与 5 个分布稀疏的子类。分布不均匀数据在聚类过程中对中心查找要求较高，容易造成聚类结果错误。图 3.10(a) 所示，是 k-means 算法的 k 值设定为 7 的初始划分的结果。图 3.10(b) 所示是 Dt-means 的结果，可以看出，除了一些边缘的离散点，其余数据仍然可以得到正确的聚类结果。

　　A1 数据集的聚类过程如图 3.11 所示。A1 数据集中分布着 20 个相互连接的子类，每个子类分布均呈类圆形。由图 3.11(a) 可以看出，k-means 算法

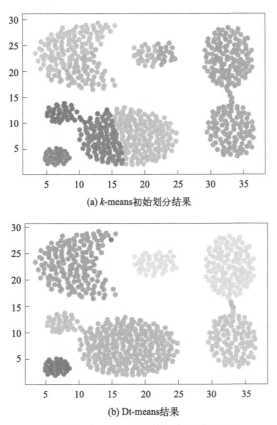

图 3.9 Aggregation 数据集聚类过程

在 k 值指定正确的情况下仍然存在划分错误的情况。由图 3.11(b) 可以看出，Dt-means 算法最终结果存在个别类被合并为同一个类的情况，即 Dt-means 算法在大多数情况下的聚类效果均比较理想。而在类间界限不明显，子类间数据距离很近的情况下，容易产生聚类错误。

② 聚类效果分析。将 Dt-means 算法与 extreme clustering[86]、density peaks based I-nice (I-niceDP)[87] 和 relative density relationship density peak clustering (relative density)[88] 三类算法进行对比以验证聚类效果，这些算法的主旨思想都是通过不同的方法找类中心，从而获取聚类结果。

通过计算四个标准量（TP、TN、FP 和 FN）获取相关性评估模型来评价聚类结果。这四个标准量中的第一个字母表示样本识别结果是否正确，正确用 True 的首字母 T 表示，错误用 False 的首字母 F 表示。第二个字母表示算法的分类结果，P 表示判定为正样本，N 表示判定为负样本。

TP（true positive）：识别正确，本来是正样本，分类成正样本；

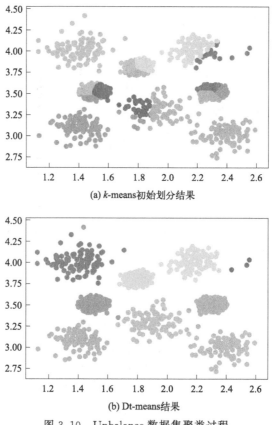

图 3.10 Unbalance 数据集聚类过程

TN (true negative)：识别正确，本来是负样本，分类成负样本；

FP (false positive)：识别错误，本来是负样本，分类成正样本，通常叫作误报；

FN (false negative)：识别错误，本来是正样本，分类成负样本，通常叫作漏报。

基于以上的标准量可计算每种算法的精度 (precision)、召回率 (recall) 和调整兰德指数 (adjusted Rand index，ARI) 三种标准指标。

a. 精度分析　精度 (precision) 是最简单、最直观的指标，计算方法是用聚类正确的数据点数除以总的数据点数，因此它也经常被称为聚类的准确率。精度的取值范围是 [0,1]，取值越高，则说明聚类效果越好，计算公式如下：

$$\text{Precision} = \frac{TP}{TP+FP} \tag{3.9}$$

表 3.3 列出了 Dt-means 算法和其他算法在上面 8 种数据集运行的精度结

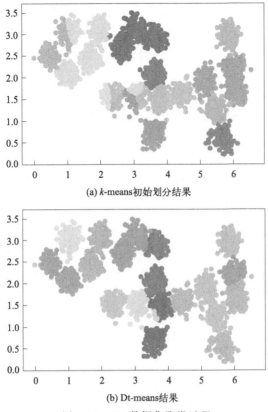

图 3.11　A1 数据集聚类过程

果。由表可知，Dt-means 算法在人工数据集方面的表现优于 UCI 数据集。在 4circle、Aggregation、A1 和 Unbalance 数据集上的表现优于对比的算法；在 UCI 数据集方面，提出的方法在 Iris、Pageblock 和 Magic 上表现最优，Breast 数据集在 Extreme clustering 算法上结果最好。

表 3.3　精度值

数据集	Dt-means	Extreme clustering	I-niceDP	Relative density
4circle	**0.97**	0.95	0.96	0.93
Aggregation	**0.95**	0.91	**0.95**	0.88
A1	**0.88**	0.86	0.78	**0.88**
Unbalance	**0.94**	0.78	0.91	0.87
Iris	**0.92**	0.83	0.87	0.85
Breast	0.88	**0.89**	0.84	0.87
Pageblock	**0.73**	0.69	0.52	0.59
Magic	**0.86**	0.8	0.83	0.83

b. 召回率分析　召回率（recall）也叫查全率，即在检索结果中实际正确的个数占整个数据集（检索到的和未检索到的）中实际正确个数的比例。召回率的取值越高，说明聚类效果越好。计算公式如下：

$$\text{Recall} = \frac{TP}{TP+FN} \tag{3.10}$$

表3.4列出了Dt-means和其他算法在各数据集上的召回率结果。可以看出，Dt-means算法在8个数据集中的4个数据集上的表现优于对比算法。在人工数据集方面，Dt-means算法在Aggregation、A1、Iris和Unbalance数据集上表现最优，extreme clustering算法和I-niceDP算法在4circle数据集上的表现略优于Dt-means算法；在UCI数据集方面，Dt-means算法在Iris数据方面表现最优，Extreme clustering算法在Breast、Magic数据集上的表现略优于Dt-means算法。Relative density算法在Pageblock数据集上的表现优于Dt-means算法。

c. 调整兰德指数分析

调整兰德指数（adjusted Rand index，ARI）是基于兰德指数（Rand index，RI）提出的。RI计算数据点预测值与真实值之间的相似度，取值范围为[0,1]，值越大意味着聚类结果与真实情况越吻合。对于随机结果，RI并不能保证分数接近0，因此具有更高区分度的调整兰德指数被提出，计算公式如式（3.11）所示，值越大表示聚类结果和真实情况越吻合。

$$\text{ARI} = \frac{RI - E[RI]}{\max(RI) - E[RI]},$$

$$RI = \frac{TP+TN}{TP+FP+TN+FN} \tag{3.11}$$

表3.5列出了Dt-means算法和其他算法在8种数据集运行的调整兰德指数结果。从结果指标上看，Dt-means算法在6个数据集上的表现优于对比算法。在人工数据集中，I-niceDP算法在4circle数据集上的表现略优于Dt-means算法。Dt-means算法在Aggregation、A1和Unbalance数据集上的表现均比较明显地优于其他对比算法。在UCI数据集方面，Dt-means算法在Iris、Pageblock和Magic数据集上的表现明显地优于其他三种对比算法，Extreme clustering算法在Breast数据集上的表现略优于Dt-means算法。

表3.4　召回率值

数据集	Dt-means	Extreme clustering	I-niceDP	Relative density
4circle	0.94	**0.95**	0.94	0.93

续表

数据集	Dt-means	Extreme clustering	I-niceDP	Relative density
Aggregation	**0.95**	0.91	0.86	0.94
A1	**0.84**	0.8	0.75	0.82
Unbalance	**0.92**	0.82	0.88	0.8
Iris	**0.91**	0.80	0.88	0.85
Breast	0.85	**0.86**	0.79	**0.86**
Pageblock	0.66	0.75	0.54	**0.79**
Magic	0.79	**0.84**	0.62	0.76

表 3.5 调整兰德指数值

数据集	Dt-means	Extreme clustering	I-niceDP	Relative density
4circle	0.89	0.82	**0.91**	0.84
Aggregation	**0.86**	0.82	0.71	0.78
A1	**0.82**	0.79	**0.82**	0.62
Unbalance	**0.84**	0.77	0.75	0.74
Iris	**0.85**	0.52	0.74	0.84
Breast	0.78	**0.81**	0.72	0.65
Pageblock	**0.66**	0.51	0.56	0.57
Magic	**0.76**	0.57	0.61	0.45

d. 算法运行时间分析 主要比较了提出的算法和其他算法的运行时间。为了使结果更加客观，对每种数据集运行 10 次，分别记录其最短运行时间（Min）和平均运行时间（Avg）。为了验证算法在运行时间方面的稳定性（Std），这里还计算了全部运行时间的标准差。运行时间值如表 3.6 所示。

总体来看，如表 3.6 所示，所提出的 Dt-means 算法在运行时间方面有一定优势，Relative density 算法在大多数数据集需要更长的运行时间，分析原因是在相对密度计算环节进行了大量的运算，占用了时间；I-niceDP 的运行时间的标准差较大，说明运行时间波动较大。在最短运行时间方面，提出的算法在 4circle、Aggregation、Unbalance 和 Magic 数据集的运行速度较高；在平均运行时间方面，提出的算法在 4circle、Aggregation、Unbalance 和 Pageblock 数据集的运行速度较高。通过标准差的计算可以看出提出的算法在每次执行的用时比较接近，具有较好的鲁棒性。

表 3.6 运行时间值

数据集	Dt-means			Extreme clustering		
	Min	Avg	Std	Min	Avg	Std
4circle	0.048	0.053	0.007	0.06	0.073	0.006
Aggregation	0.172	0.207	0.018	0.269	0.288	0.021
A1	15.619	18.19	1.605	12.785	17.7	3.131
Unbalance	12.006	17.264	3.142	11.982	18.898	5.793
Iris	0.079	0.109	0.017	0.075	0.121	0.025
Breast	0.125	0.134	0.007	0.143	0.215	0.049
Pageblock	10.553	12.181	1.565	9.287	13.649	2.848
Magic	66.531	69.994	2.484	67.569	71.97	2.803

数据集	I-niceDP			Relative density		
	Min	Avg	Std	Min	Avg	Std
4circle	0.055	0.078	0.013	0.069	0.084	0.008
Aggregation	0.181	0.237	0.04	0.286	0.374	0.055
A1	14.503	20.972	3.984	28.645	30.248	1.195
Unbalance	15.174	20.135	2.34	27.756	30.055	1.462
Iris	0.078	0.084	0.007	0.076	0.114	0.037
Breast	0.119	0.132	0.011	0.308	0.411	0.049
Pageblock	11.003	15.022	3.116	10.629	13.122	1.877
Magic	71.269	74.831	2.894	80.898	99.73	16.519

(2) 制造资源数据集结果

采用 Dt-means 算法将切削资源映射为服务集，设置划分阈值 $\omega=0.4$。将属性"刀具类型""最大切削速度""最大进给量""最大切削深度"作为评价因素。根据式(3.7)和式(3.8)选择与任务属性相同的资源，并计算其到任务的距离来进行聚类。在聚类过程中，若刀具类型与类中心相同，则视为正常数据点，若刀具类型与类中心不同，则视为异常数据点，不参与该类聚类。使用 Dt-means 算法对资源集进行聚类，实现相同资源类型划分为不同服务集，结果如表 3.7 所示，元服务继承元资源的信息结构。再根据服务集的中心属性所发布与元任务的贴近度来定义服务集等级。

以上是切削资源根据所提供的刀具类型及参数进行聚类，从而完成资源到服务的映射。在无须额外指定需要划分的类目参数的前提下，可以根据子类中心与元任务之间的关系定义子类为不同等级的服务集，为 T 型云制造模式的服务组合与优化降低计算量，提升优化性能。

表 3.7 切削资源的服务映射结果

机床服务集	刀具类型	服务数量	类数量(等级数量)
ss_1	粗齿圆柱形铣刀	448	5
ss_2	90°外圆偏刀	228	5
ss_3	麻花钻	105	2
ss_4	镗孔刀	89	3
ss_5	90°端面偏刀	205	3
ss_6	盲孔偏刀	141	2
ss_7	YT5 镗刀	211	4

3.5 本章小结

本章为实现 T 型云制造模式下资源到服务的映射，在分析使用聚类方式实现资源到服务映射所存在问题的基础上，提出了基于划分趋势度的聚类（Dt-means）算法。首先阐述了 Dt-means 算法的主导思想，其次详细论述了 Dt-means 算法中的关键概念，最后展示了 Dt-means 算法的实现流程。Dt-means 算法解决了由于数据类目未知、分布形状非类圆形、数据稀疏度不一造成的聚类结果不准确的问题。在实例验证中，对 Dt-means 算法进行了可行性验证并对结果进行了分析，证明了 Dt-means 算法在资源到服务映射中的可行性与有效性。

第 4 章
T型云制造模式下服务组合评价

在 T 型云制造模式下资源优化配置过程中,对服务组合进行评价是获取优质横向服务的先决条件。本章面向 T 型结构的纵向服务优势与横向服务优势,分别提出了模糊评价模型(fuccy evaluation model,FEM)与基于参数配置的评价模型(evaluation model based on parameter configuration,PCEM)来实现服务组合的评价。

4.1 服务组合评价理论基础

4.1.1 服务组合评价描述

服务组合是为完成某一复杂制造任务,由不同中小企业提供的不同元服务形成的组合,用于促进中小企业协同,提升中小企业的效益。服务组合评价则是对这些组合进行优势度评价,如经济成本、运输成本、花费时间、历史合格率等。在资源优化配置过程中,为获取一个优质的横向服务,需要对现有的服务组合评价、优化、再评价,不断地重复这个过程。服务组合评价参与优化配置过程中的每一次优化操作,所以评价值是资源优化配置过程中的重要决策依据。

T 型云制造模式下服务组合参与者不仅包括服务需求者与服务提供者,还包括平台运营者。为了确保三方参与者的利益,保障任务顺利进行,服务组合要在满足任务工作需求的前提下保障服务组合综合质量。从服务需求者的角度而言,服务组合评价需要最大化提高产品合格率,降低经济成本;从服务提供者的角度而言,需要提高资源利用率,提升企业效益;从平台运营者的角度而言,需要提高所提供综合服务的合理性。因此,在建立评价模型时,需要遵循以下原则:

① 影响真实性。组合评价模型应保证真实性,直观地反映制造服务的本质特征,准确地体现服务需求者与服务提供者的真实影响因素。

② 因素全面性。评价指标不仅要全面地反映制造服务的综合信息，还要考虑服务需求者的制造需求与系统中各方参与者的利益，所以需要全面的评价因素。

③ 优化导向性。资源优化配置的最终体现是评价值有效提升，所以评价模型具有导向性，应在建立模型时侧重于需要优化的目标方向。

④ 结果科学性。服务组合评价不仅要从纵向的具体领域体现服务满足某一任务的优势特性，还从横向集成领域体现组合方案的合理性。

4.1.2 模糊数

(1) 区间数

区间数具有简单、高效的描述特性，可以将服务的参数范围、时间效率、功能效率、结果性质等表示出来，再通过一些转换方法体现其优势。如相同功能的不同刀具，切削参数范围较大；切削速度较高的刀具，切削后的加工面光滑，刀具的抗磨损性能较强。所以参数的区间优势度反映了服务的功能性优劣。

区间数就是用区间表示的数，它实际上是一个闭区间上所有实数所组成的集合。区间数的一些基本定义已由文献[89,90]给出，本节仅对与本章相关的基本概念和运算法则进行解释。

区间数基本定义：实数域上的闭区间 $\tilde{a}=[a^l,a^u]$，且 $a^l \leqslant x \leqslant a^u$，$x \in R$，$\tilde{a}$ 为一个区间数。

给定两个区间数 $\tilde{a}=[a^l,a^u]$，$\tilde{b}=[b^l,b^u]$，运算法则为

① 若 $a^l=b^l$ 且 $a^u=b^u$，则表示 $\tilde{a}=\tilde{b}$

② $\tilde{a}+\tilde{b}=[a^l+b^l,a^u+b^u]$，$\tilde{a}-\tilde{b}=[a^l-b^l,a^u-b^u]$

③ 给定常数 k，$k\tilde{a}=\begin{cases}[ka^l,ka^u],k\geqslant 0\\ [ka^u,ka^l],k<0\end{cases}$

区间数的性质如下：

① $d=a^u-a^l$ 为 $\tilde{a}$ 的区间长度。对于任意 $\forall \tilde{a} \in R$，若 $a^u=a^l$，即 $d=0$，则 $\tilde{a}$ 退化为普通实数。若 $d>0$，则 $\tilde{a}$ 称为正区间数，反之为负区间数。

② 给定两个区间数 $\tilde{a}=[a^l,a^u]$，$\tilde{b}=[b^l,b^u]$，区间数 $\tilde{a} \geqslant \tilde{b}$ 的可能度为

$$p(\tilde{a}\geqslant\tilde{b})=\begin{cases}1, & a^l \geqslant b^u \\ \dfrac{a^u-b^u}{a^u-a^l}+\dfrac{b^u-b^l}{2(a^u-a^l)}, & a^l \leqslant b^l \leqslant b^u \leqslant a^u \\ \dfrac{a^u-b^u}{a^u-a^l}+\dfrac{(b^u-a^l)(a^l-b^l)}{(a^u-a^l)^2}+\dfrac{(b^u-a^l)^2}{2(a^u-a^l)(b^u-b^l)}, & b^l \leqslant a^l \leqslant b^u \leqslant a^u\end{cases}$$

(4.1)

可能度 $p(\tilde{a}\geqslant\tilde{b})$ 表示 $\tilde{a}$ 大于 $\tilde{b}$ 的可能性。若 $p(\tilde{a}\geqslant\tilde{b})>0.5$,则可以认为 $\tilde{a}>\tilde{b}$;若 $p(\tilde{a}\geqslant\tilde{b})<0.5$,则可以认为 $\tilde{b}>\tilde{a}$;若 $p(\tilde{a}\geqslant\tilde{b})=0.5$,则可以认为 $\tilde{a}$、$\tilde{b}$ 之间的关系无法确定。

(2) 三角模糊数

模糊集理论是由 Zadeh[91] 在 1965 年提出,将模糊的自然语言以数学的方式进行表达。Laarhoven 和 Pedrycz[92] 于 1983 年基于模糊集理论提出三角模糊数(three fuzzy numbers,TFN),用于解决模糊评价的问题。三角模糊数可用于多个领域,如供应商选择[93]、车间调度[94] 等。

根据文献 [92,95] 三角模糊数的定义:给定 $\tilde{a}=(a^l,a^m,a^u)$,其中 $0\leqslant a^l \leqslant a^m \leqslant a^u$,则称 $\tilde{a}$ 是三角模糊数,a^l、a^m、a^u 的意义为最小值、最可能的值与最大值。

三角模糊数的形式如图 4.1 所示,其特征函数可表示如下:

$$\mu_{\tilde{a}}(x)=\begin{cases}\dfrac{x-a^l}{a^m-a^l}, & a^l \leqslant x \leqslant a^m \\ \dfrac{x-a^u}{a^m-a^u}, & a^m \leqslant x \leqslant a^u \\ 0, & 其他\end{cases}$$

(4.2)

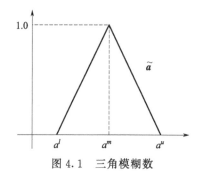

图 4.1 三角模糊数

给定两个三角模糊数 $\tilde{a}=(a^l,a^m,a^u)$,$\tilde{b}=(b^l,b^m,b^u)$,运算法则为[96]:

① $\tilde{a} + \tilde{b} = [a^l + b^l, a^m + b^m, a^u + b^u]$

② $\dfrac{1}{\tilde{a}} = \left[\dfrac{1}{a^u}, \dfrac{1}{a^m}, \dfrac{1}{a^l}\right], a^l, a^m, a^u \neq 0$

③ $\tilde{a} \times \tilde{b} = [a^l b^l, a^m b^m, a^u b^u]$

三角模糊数的性质如下：

① 设三角模糊数 $\tilde{a}_i = (a_i^l, a_i^m, a_i^u)$，归一化的模糊指标为 $\tilde{r}_i$，$i = 1, 2, 3, \cdots, m$[96,97]。

正属性三角模糊数的归一化：

$$\tilde{r}_i = \left(\dfrac{a_i^l}{\max(a_i^u)}, \dfrac{a_i^m}{\max(a_i^m)}, \dfrac{a_i^u}{\max(a_i^l)} \wedge 1\right)$$

负属性三角模糊数的归一化：

$$\tilde{r}_i = \left(\dfrac{\min(a_i^l)}{a_i^u}, \dfrac{\min(a_i^m)}{a_i^m}, \dfrac{\min(a_i^u)}{a_i^l} \wedge 1\right)$$

② 给定两个三角模糊数 $\tilde{a} = (a^l, a^m, a^u)$，$\tilde{b} = (b^l, b^m, b^u)$，其相对相似度如式（4.3）所示[98]，$s(\tilde{a}, \tilde{b})$ 越大，$\tilde{a}$ 与 $\tilde{b}$ 的相似度越大；当 $s(\tilde{a}, \tilde{b}) = 1$ 时，即 $\tilde{a} = \tilde{b}$，表示 $\tilde{a}$、$\tilde{b}$ 完全相同。

$$s(\tilde{a}, \tilde{b}) = \dfrac{a^l b^l + a^m b^m + a^u b^u}{\max\{(a^l)^2 + (a^m)^2 + (a^u)^2, (b^l)^2 + (b^m)^2 + (b^u)^2\}} \quad (4.3)$$

4.1.3 理想解法

(1) 理想解法的基础理论

理想解法（technique for order preference by similarity to an ideal solution，TOPSIS）[99,100] 由 K. Yoon 和 C. L. Hwang 于 1981 年首次提出，是一种有效的多准则决策方法。原理是通过计算方案到理想解（最优解）与负理想解（最劣解）的距离进行排序，若某方案在最靠近理想解的同时又最远离负理想解，则认为该方案接近理想方案[101]。理想解法中正理想解的值为各指标的最优值，负理想解的值为各指标的最差值。理想解法作为处理多属性的一种非常有效的方法，评价结果由离正理想解、负理想解的距离所决定，它能综合考虑评价对象的各种指标，对多个对象进行综合评价，并且已经成功地应用到许多领域。理想解法根据有限个评价对象与理想目标的接近程度进行排序，是对现有对象进行相对优劣的评价，实现流程如下：

步骤 1：构建初始矩阵 $A = (a_{ij})_{n \times m}$，代表设有 n 个决策项，每个选项有 m 个指标。

$$A = \begin{bmatrix} a_{11} & a_{12} & \cdots & a_{1m} \\ a_{21} & a_{22} & \cdots & a_{2m} \\ \cdots & \cdots & \cdots & \cdots \\ a_{n1} & a_{n2} & \cdots & a_{nm} \end{bmatrix} \tag{4.4}$$

步骤 2：通过归一化构建决策矩阵 $B = (b_{ij})_{n \times m}$。

$$B = \begin{bmatrix} b_{11} & b_{12} & \cdots & b_{1m} \\ b_{21} & b_{22} & \cdots & b_{2m} \\ \cdots & \cdots & \cdots & \cdots \\ b_{n1} & b_{n2} & \cdots & b_{nm} \end{bmatrix} \tag{4.5}$$

该决策矩阵 B 中包含效益型指标和成本型指标。效益型指标的属性值越大越好，如利润，归一化方法如式(4.6)所示；成本型指标的属性值越小越好，如成本，归一化方法如式(4.7)所示。

$$b_{ij} = \frac{a_{ij} - \min(a_{ij})}{\max(a_{ij}) - \min(a_{ij})}, \quad i = 1, 2, \cdots, n \tag{4.6}$$

$$b_{ij} = \frac{\max(a_{ij}) - a_{ij}}{\max(a_{ij}) - \min(a_{ij})}, \quad i = 1, 2, \cdots, n \tag{4.7}$$

步骤 3：结合权重矩阵，构建加权标准矩阵 $V = (v_{ij})_{n \times m}$。

$$\begin{aligned} V = BW &= \begin{bmatrix} b_{11} & b_{12} & \cdots & b_{1m} \\ b_{21} & b_{22} & \cdots & b_{2m} \\ \cdots & \cdots & \cdots & \cdots \\ b_{n1} & b_{n2} & \cdots & b_{nm} \end{bmatrix} \begin{bmatrix} \omega_1 & 0 & \cdots & 0 \\ 0 & \omega_2 & \cdots & 0 \\ \cdots & \cdots & \cdots & \cdots \\ 0 & 0 & \cdots & \omega_m \end{bmatrix} \\ &= \begin{bmatrix} \omega_1 b_{11} & \omega_2 b_{12} & \cdots & \omega_m b_{1m} \\ \omega_1 b_{21} & \omega_2 b_{22} & \cdots & \omega_m b_{2m} \\ \cdots & \cdots & \cdots & \cdots \\ \omega_1 b_{n1} & \omega_2 b_{n2} & \cdots & \omega_m b_{nm} \end{bmatrix} = \begin{bmatrix} v_{11} & v_{12} & \cdots & v_{1m} \\ v_{21} & v_{22} & \cdots & v_{2m} \\ \cdots & \cdots & \cdots & \cdots \\ v_{n1} & v_{n2} & \cdots & v_{nm} \end{bmatrix} \end{aligned} \tag{4.8}$$

式中，W 为权重矩阵，其中 ω_i 为每个指标的权重。

第4章 T型云制造模式下服务组合评价

$$W = \begin{bmatrix} \omega_1 & 0 & \cdots & 0 \\ 0 & \omega_2 & \cdots & 0 \\ \cdots & \cdots & \cdots & \cdots \\ 0 & 0 & \cdots & \omega_m \end{bmatrix}, \quad \sum_{i=1}^{m} \omega_i = 1 \qquad (4.9)$$

步骤4：确定正理想解（positive ideal solution，PIS）V^+ 和负理想解（Negative ideal solution，NIS）V^-。

$$V^+ = \{(\max v_{ij} | j \in \boldsymbol{J}^+), (\min v_{ij} | j \in \boldsymbol{J}^-)\} = (v_1^+, v_2^+, \cdots, v_n^+)$$

$$V^- = \{(\min v_{ij} | j \in \boldsymbol{J}^+), (\max v_{ij} | j \in \boldsymbol{J}^-)\} = (v_1^-, v_2^-, \cdots, v_n^-) \qquad (4.10)$$

其中，$\boldsymbol{J}^+$ 表示效益型指标，$\boldsymbol{J}^-$ 表示成本型指标。

步骤5：使用欧氏距离公式计算加权标准矩阵（$\boldsymbol{V}$）中每个决策项到正理想解 $\boldsymbol{V}^+$ 与负理想解 $\boldsymbol{V}^-$ 的距离。

$$D_j^+ = \sqrt{\sum_{i=1}^{m}(v_{ij} - V^+)^2}, \quad D_j^- = \sqrt{\sum_{i=1}^{m}(v_{ij} - V^-)^2} \qquad (4.11)$$

D_j^+ 是第 j 个决策项 v_{ij} 到正理想解的距离，D_j^- 是第 j 个决策项 v_{ij} 到负理想解的距离。

步骤6：计算第 j 个决策选项 v_{ij} 与正理想解的接近程度 R_j。

$$R_j = \frac{D_j^-}{D_j^- + D_j^+}, \quad j = 1, 2, \cdots, n \qquad (4.12)$$

基于以上流程，理想解法可以根据各指标序列之间的距离关系评估方案的优势度。

（2）理想解法存在的问题

数据之间的隐藏关联性可以通过数据分布形状表现出来。理想解法对于数据距离敏感，当方案与正理想解接近时，表示与正理想解具有较大的贴近度，则认为它在数值上接近理想方案。但理想解法仅考虑数据序列的数值关系，没有考虑不同数据序列之间的形状差异[102]。如图4.2所示，线条P代表正理想解，N代表负理想解。线条A与B到理想解和负理想解的距离贴近度均约为0.55，但明显A的形状与正理想解P更相近，线条A比线条B在现实中更理想。所以，理想解法只能反映方案与理想解的数值贴近度，无法反映形状相似度。

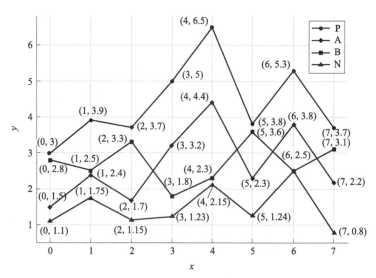

图 4.2 正理想解与负理想解对比

4.1.4 灰色关联法

灰色关联法（grey correlation method，GC）以"灰色关联度"来评价因素之间相似或相异程度，可以反映目标序列与评价序列之间形状的相似度，是衡量因素间关联程度的一种方法[103,104]。灰色关联法通过分析数据序列之间的形状相似度和距离关系，采用数据序列之间的灰色关联度作为衡量标准[105]。数据序列之间形状越相近，灰色关联度越大；反之，灰色关联度越小[106]。灰色关联法对数据形状敏感，可以作为理想解法的补充，弥补理想解法不能评价数据序列形状相似度的缺陷。灰色关联法与理想解法相比优势在于对数据量多少及有无规律同样适用。具体实现步骤如下：

步骤 1～步骤 3：与理想解法的步骤相同。

步骤 4：确定参考数据列，$v' = (v'_1, v'_2, \cdots, v'_m)$。参考数据列是比较标准，可以以各指标的最优解（对应理想解法的正理想解）或最劣解（对应理想解法的负理想解）为标准。

步骤 5：计算第 j 个决策项指标 i 的关联系数：

$$\delta_j(i) = \frac{\min\limits_{j} \min\limits_{i} |v'_i - v_{ij}| + \rho \max\limits_{j} \max\limits_{i} |v'_i - v_{ij}|}{|v'_i - v_{ij}| + \rho \max\limits_{j} \max\limits_{i} |v'_i - v_{ij}|} \tag{4.13}$$

其中，ρ 为分辨系数，$0 < \rho < 1$。ρ 越小，关联系数间差异越大，区分能

力越强，通常 ρ 取 $0.5^{[107]}$。符号 m 是决策项中的指标个数，n 是决策项的个数。

步骤 6：计算第 j 个决策项的关联度：

$$r_j = \frac{1}{m}\sum_{i=1}^{m}\delta_j(i) \tag{4.14}$$

对于一个组合评价问题，如果一个服务组合与其正理想解具有较大的灰色关联度，则认为它从形状角度接近理想解。反之，如果与负理想解有较大的灰色关联度，则表示从形状角度与正理想方案相差甚远。

4.2 T型云制造模式下服务组合评价存在问题分析

4.2.1 服务属性类型的多样化与不同表述

目前，大多数文献中所使用的评价模型都是基于服务质量、忽略服务功能优势的评价模型。但服务功能（function of service，FoS）属性体现了该服务应用于某一任务的合理性，或者称之为某一行业领域的功能优势。在文献中，所选择的评价指标大多是基于精确值，或将模糊数通过一些手段转为精确值。服务的属性具有多、杂、乱等问题，对于服务而言，属性参数表述模糊是其中最不可忽略的关键特性[108-110]，主要体现在 FoS 属性为区间值与服务质量（quality of service，QoS）属性的语言描述模糊。

① FoS 参数体现完成某一领域任务的功能优势，且参数一般为范围值。

组合的服务效果与服务功能参数有很大的关系。元服务的 FoS 参数一般为范围值。在某一加工条件下，最优的参数的设定不是最大值或最小值，而是范围内的某个值[111]。FoS 属性的参数具有区间数特性，但若仅将 FoS 作为服务选择依据，并没有作为评价指标进行功能优势体现[112-114]，将造成功能优势评价的缺失。同一行业垂直领域中，FoS 参数范围不同，功能优势不同，若不考虑 FoS 优势，则导致获取服务组合的合理性降低。

② QoS 表述语言模糊。QoS 属性的参数具有多、杂、乱等问题，并且参数需求一般为语言模糊表述[108-110]。如质量等级描述为一级、二级、三级，能耗等级描述为一级能耗、二级能耗、三级能耗等，历史等级描述为一星、二星、三星等。由于计算机无法直接处理语言，所以模糊语言的表述需要数字化，即将这些表述方式处理为可进行计算的数字方式，便于计算服务组合的适应度。

本章将 FoS 属性作为评价因子之一，其适应度值用于体现 T 型云制造模式纵向服务的优势性，并依据服务参数的模糊表述方法，结合区间数与三角模糊数理论，提出 FEM 评价模型。

4.2.2 任务参数配置的制造性未重视

当前的服务组合评价模型，主要应用于以网格制造为代表的传统制造模式，尚不能对应云制造模式所带来的环境与应用条件的变化[115]。目前，大多数对服务组合评价的研究都是基于经济价值，如经济成本、能量消耗等，而不是基于最佳的参数配置。离散制造型企业一般包含零部件加工、零部件装配成产品等过程，可以说整个离散制造业是由离散加工企业、装配企业等相互关联配套而组成的产业链。在制造过程中，每步工序的工艺参数对该工序环节的质量起决定性作用。当工艺参数设置不合理时，将导致该步骤的产品质量降低，并容易引起接下来产品质量合格率的波动。在离散制造过程中，工序间工艺参数的配置是产品高质量和高效率生产的保障。在任务发布时，其参数描述了制造任务属性，反映了制造任务的性能指标，如时间成本和经济成本，体现了最佳成品的质量性能，所以任务的参数搭配可以指导服务组合参数配置。

在制造过程中，若服务组合忽略了与任务参数配置的一致性，则会导致服务组合的效果下降，产品合格率降低，生产成本升高。因此，在对组合进行评价过程中，任务序列参数配置的指导作用不应该被忽略。本章将基于服务组合参数序列到任务参数序列的数值距离与形状相似度，从 T 型云制造模式的横向服务参数配置合理性角度出发，提出 PCEM 评价模型用于评价服务组合。

4.3 面向 T 型结构不同维度的服务组合评价模型

4.3.1 面向纵向服务优势的 FEM 评价模型

本章将 FoS 属性与 QoS 属性结合到一起，面向纵向服务优势，建立 FEM 评价模型，模型如式(4.15)所示。

$$f(sc_l) = \alpha_1 V_{\text{FoS}}^l + \alpha_2 V_{\text{QoS}}^l - \alpha_3 cost \tag{4.15}$$

$f(sc_l)$ 表示第 l 个组合，V_{FoS}^l 表示第 l 个组合中由 FoS 属性组合而成的功能优势度，V_{QoS}^l 表示第 l 个组合中由 QoS 属性组合而成的质量优势度模型，$cost$ 是该服务成本归一化后的值。其中 α_1、α_2 和 α_3 是权重值，一般通过专家经验给出。

(1) 成本 cost

成本指标主要包括完成复杂制造任务所需要的经济成本。在实际中，每个服务的量化指标不同。例如，某个服务的成本值可能是处于 10 和 200 之间的某个精确值，而可信度范围为 (0，1)。在适应度计算过程中，由于量级的不同，会造成成本的变化抵消可信度的变化，而用户可能更加关注的是可信度这个属性。因此，要将成本值归一化到某个区间中，归一化公式如下：

$$\begin{aligned} k &= (b-a)/(\max - \min) \\ cost &= a + k(c - \min) \end{aligned} \quad (4.16)$$

式中，原始成本值为 c，归一化后的值为 $cost$，处于 a 和 b 之间。由于 QoS 的属性值一般为 (0，1)，根据实验，建议 $a=0.51$，$b=1.51$，这样可以较好地平衡成本与其他属性之间的关系，使其不会互相影响。

(2) 功能优势度 V_{FoS}

FoS 属性是用来表示元服务功能参数的属性，其优劣特性往往使用简单有效的描述来体现，一般表示为区间数。在同一行业垂直领域内针对某个元任务，对单个元服务计算优势度没有比较性，只有对多个元服务计算优势度才具有实际意义，即计算同一服务集中每个元服务完成所对应任务的功能优势度。

为计算元服务的功能优势度，首先建立可能度矩阵，可能度矩阵中的每个元素为行列号各自对应服务的可能度，然后根据可能度矩阵计算各服务的功能优势度。

定义 4.1 可能度矩阵：元任务 (t_i) 的可能度矩阵 (M_i) 由服务集中所有元服务的相对优势 (定义 4.2) 组成，如式(4.17) 所示。

$$M_i = \begin{bmatrix} 0.5 & p_{1,2} & p_{1,3} & \cdots & p_{1,m_i} \\ p_{2,1} & 0.5 & p_{2,3} & \cdots & p_{2,m_i} \\ p_{3,1} & p_{3,2} & 0.5 & \cdots & p_{3,m_i} \\ \cdots & \cdots & \cdots & \cdots & \cdots \\ p_{m_i,1} & p_{m_i,2} & p_{m_i,3} & \cdots & 0.5 \end{bmatrix} \quad (4.17)$$

在 M_i 中，行号和列号分别表示元服务的序号。如 $p_{1,2}$ 表示任务 t_i 的服务集中，第 1 个元服务对于第 2 个元服务的相对优势。当行列号相同时，相对优势为 0.5。

定义 4.2 相对优势：某任务的服务集中，任意两个元服务 A 和 B，A 相对 B 的优势称为相对优势，如式(4.18)所示。

$$p_{A,B} = \min\left(\max\left(\frac{a^u + b^l - 2\times e}{a^u + a^l + b^u + b^l - 4\times e}, 0\right), 1\right) \quad (4.18)$$

式中，e 是任务的功能需求参数，$\tilde{a}=[a^l, a^u]$，$\tilde{b}=[b^l, b^u]$ 表示服务 A 与服务 B 在某功能参数上的取值。$p_{A,B}$ 表示元服务 A 对于元服务 B 的相对优势。若 $p_{A,B} > 0.5$，则可以认为元服务 A 的 FoS 属性优于元服务 B；若 $p_{A,B} < 0.5$，则可以认为元服务 B 的 FoS 属性优于元服务 A；若 $p_{A,B} = 0.5$，则可以认为元服务 A 与元服务 B 之间的 FoS 属性关系无法确定。

定义 4.3 功能优势度：根据某个元任务参数需求，某元服务相比其他元服务而言完成该任务的优势。

某元任务 t_i 的服务集中共有 m_i 个候选元服务，第 j 个元服务的功能优势度计算公式为 $rd_i^j(\cdot) = \sum_{j=1}^{m_i} p_{z,j}$，$z \in (0, m_i)$。其中，$i$ 表示元任务 t_i 的序号。根据可能度矩阵计算所有服务的功能优势度，如式(4.19)所示。

$$M_i = \begin{bmatrix} 0.5 & p_{1,2} & p_{1,3} & \cdots & p_{1,m_i} \\ p_{2,1} & 0.5 & p_{2,3} & \cdots & p_{2,m_i} \\ \cdots & \cdots & \cdots & \cdots & \cdots \\ p_{z,1} & p_{z,2} & 0.5 & \cdots & p_{z,m_i} \\ \cdots & \cdots & \cdots & \cdots & \cdots \\ p_{m_i,1} & p_{m_i,2} & p_{m_i,3} & \cdots & 0.5 \end{bmatrix} \Rightarrow \begin{cases} rd_i^1(\cdot) = \sum_{j=1}^{m_i} p_{1,j} \\ rd_i^2(\cdot) = \sum_{j=1}^{m_i} p_{2,j} \\ \cdots \\ rd_i^z(\cdot) = \sum_{j=1}^{m_i} p_{z,j} \\ \cdots \\ rd_i^{m_i}(\cdot) = \sum_{j=1}^{m_i} p_{m_i,j} \end{cases}$$

(4.19)

根据区间数的基本计算规则，四种基本结构的功能优势度可以用式(4.20)计算所得。首先对每个服务求取功能优势度的和，再根据任务结构求取组合的适应度。

第4章 T型云制造模式下服务组合评价

$$V_{\text{FoS}} = \begin{cases} \sum_{i=1}^{n_1} rd_i^j(sFoSP_1) + \sum_{i=1}^{n_2} rd_i^j(sFoSP_2) + \cdots & \text{串行结构} \\ \sum_{i=1}^{n_1} rd_i^j(sFoSP_1) + \sum_{i=1}^{n_2} rd_i^j(sFoSP_2) + \cdots & \text{并行结构} \\ \gamma_1 \sum_{i=1}^{n_1} rd_i^j(sFoSP_1) + \gamma_2 \sum_{i=1}^{n_2} rd_i^j(sFoSP_2) + \cdots & \text{选择结构} \\ k_{\text{cyc}} \times \left[\sum_{i=1}^{n_1} rd_i^j(sFoSP_1) + \sum_{i=1}^{n_2} rd_i^j(sFoSP_2) + \cdots \right] & \text{循环结构} \end{cases}$$

(4.20)

其中，$sFoSP$ 表示该元服务的 FoS 属性值，其下标表示任务序号；n 表示该属性下的参数个数，其下标表示对应的元任务序号；γ 表示选择结构中路径被选择的概率，下标表示路径序号；k_{cyc} 表示循环结构中循环的次数。

（3）服务质量优势度 V_{QoS}

QoS 属性主要是描述功能之外的一些特性，如满意度指标、可靠性指标、资源可回收性指标等。满意度指标是指服务本身可完成任务的优劣程度。可靠性指标是指服务在完成某一任务时的稳定程度。由于稳定程度无法用精确数据所描述，一般具有模糊特性。资源可回收性指标是指服务加工完成后是否可以继续下一次的任务，直接反映了资源服务的利用率。因此，若元任务 QoS 属性为精确数值，则可能导致元任务得不到合适的元服务。任务 QoS 的需求属性一般的量化指标为"好、较好、中、较差和差"或"等级一、等级二、等级三"模糊语句。

QoS 属性的优化目标是效用最高、成本最低，所以需要通过评价模型量化 QoS 属性，为用户提供服务指标。首先建立服务满足元任务的三角模糊数优势度模型，然后根据三角模糊数优势度筛选质量优秀的服务，使 QoS 属性值不再依赖精确值，从而提高可用服务数量。满足同一任务的不同服务，需要判断服务中 QoS 属性三角模糊数的相对优势度。

定义 4.4 三角模糊数优势度：是某元服务满足某一元任务 QoS 需求的优势度，由于 QoS 属性可用三角模糊数表示，所以称之为三角模糊数优势度。

对于元任务 t_i，假设某 QoS 参数需求的值为 $\tilde{e} = (e^l, e^m, e^u)$。候选服务集中第 j 个元服务的对应 QoS 属性值为 $\tilde{a} = (a^l, a^m, a^u)$。该元服务对应属性

的三角模糊数优势度如下所示：

$$rs_i^j(\cdot) = \frac{e^l \times a^l + e^m \times a^m + e^u \times a^u}{\max((e^l)^2 + (e^m)^2 + (e^u)^2, (a^l)^2 + (a^m)^2 + (a^u)^2)} \quad (4.21)$$

三角模糊数优势度 $rs_i^j(\cdot)$ 越大，说明在该属性条件下，任务 t_i 与第 j 个服务之间的相似度越高，匹配程度越显著。当 $rs_i^j(\cdot)=1$ 时，在特定的质量属性条件下，任务与服务达到精确匹配。

根据三角模糊数的基本计算规则，四种结构对应的模糊 QoS 优势度 V_{QoS} 可表示为：

$$V_{QoS} = \begin{cases} \sum_{i=1}^{n_1} rs_i^j(sQoSP_1) + \sum_{i=1}^{n_2} rs_i^j(sQoSP_2) + \cdots & \text{串行结构} \\ \sum_{i=1}^{n_1} rs_i^j(sQoSP_1) + \sum_{i=1}^{n_2} rs_i^j(sQoSP_2) + \cdots & \text{并行结构} \\ \gamma_1 \sum_{i=1}^{n_1} rs_i^j(sQoSP_1) + \gamma_2 \sum_{i=1}^{n_2} rs_i^j(sQoSP_2) + \cdots & \text{选择结构} \\ k_{cyc} \times \left(\sum_{i=1}^{n_1} rs_i^j(sQoSP_1) + \sum_{i=1}^{n_2} rs_i^j(sQoSP_2) + \cdots \right) & \text{循环结构} \end{cases}$$

(4.22)

其中，$sQoSP$ 表示元服务的 QoS 属性，其下标表示任务序号；n 表示该属性下的参数个数，其下标表示对应的元任务序号；γ 表示选择结构中路径被选择的概率，下标表示路径序号；k_{cyc} 表示循环结构中循环的次数。

4.3.2 面向横向服务优势的 PCEM 评价模型

本节面向横向服务优势，建立 PCEM 评价模型评价服务组合，将结果值作为组合的适应度的评价指标。PCEM 评价模型从参数序列距离、形状两个方面评价组合适应度，具体实现过程分为建立评价标准矩阵和适应度计算两个部分。其中，具体符号的说明如图 4.3 所示。

(1) 评价标准矩阵

评价标准矩阵是将各组合的全部参数以统一标准量纲的形式展现出来，便于对组合参数和元任务序列参数之间的关系进行比对。建立评价标准矩阵需要建立服务矩阵、数据处理与归一化处理三个步骤。具体过程如下：

① 建立服务矩阵（service matrix，SM）。首先将元任务序列参数和各个服务组合序列参数按照任务发布的顺序，组合成为服务矩阵。

第 4 章　T 型云制造模式下服务组合评价

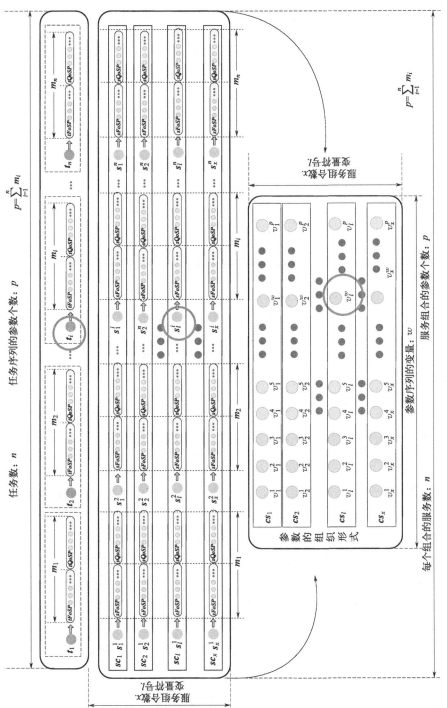

图 4.3　符号说明示意图

$$SM = \begin{bmatrix} t_1(m_1) & t_2(m_2) & \cdots & t_i(m_i) & \cdots & t_n(m_n) \\ s_1^1(m_1) & s_1^2(m_2) & \cdots & s_1^i(m_i) & \cdots & s_1^n(m_n) \\ s_2^1(m_1) & s_2^2(m_2) & \cdots & s_2^i(m_i) & \cdots & s_2^n(m_n) \\ \cdots & \cdots & \cdots & \cdots & & \cdots \\ s_x^1(m_1) & s_x^2(m_2) & \cdots & s_x^i(m_i) & \cdots & s_x^n(m_n) \end{bmatrix} \quad (4.23)$$

第一行是元任务序列，每个元素代表对应符号元任务的一系列参数，矩阵中有 n 个元任务，第 i 个元任务的参数共有 m_i 个。元任务序列的表现形式：

$$T = (t_1(m_1(tFoSP)), t_2(m_2(tFoSP)), \cdots, t_i(m_i(tFoSP)), \cdots, t_n(m_n(tFoSP)))$$

其中，$t_i(m_i(tFoSP)) = (tFoSP_1, tFoSP_2, \cdots, tFoSP_{m_i}) = A$

$$sc_l = (s_l^1(m_1(sFoSP)), s_l^2(m_2(sFoSP)), \cdots, s_l^i(m_i(sFoSP)), \cdots, s_l^n(m_n(sFoSP)))$$

其中，$s_l^i(m_i(sFoSP)) = (sFoSP_1, sFoSP_2, \cdots, sFoSP_{m_i}) = B$

B 是组合 sc_l 中的第 i 个元服务的功能属性列表，列表中有 m_i 个参数，表示该元服务的功能属性有 m_i 个，n 为元任务数，也称为参与组合的元服务个数。

② 数据处理。以每个元任务发布的参数为标准，计算元服务与元任务的相似度。元任务与元服务的相似度包含两个方面：欧氏距离与余弦相似度。欧氏距离可以体现个体数值特征的绝对差异，所以更多地用于需要从数值大小中体现差异的分析，如使用用户行为指标分析、参数相似度或差异计算。余弦相似度从方向上区分差异，而对绝对值不敏感，更多地用于用户对内容评分来区分兴趣的相似度和差异，同时修正了用户之间可能存在的度量标准不统一的问题，是兴趣的体现。

数据处理将第一步生成的服务矩阵转换为服务过程矩阵（service process matrix, SPM），即对服务矩阵中从第二行开始，计算与第一行的欧氏距离与余弦相似度。转换后的形式如下：

第4章 T型云制造模式下服务组合评价

$$SPM = \begin{bmatrix} s_1^{1'}(m_1) & s_1^{2'}(m_2) & \cdots & s_1^{i'}(m_i) & \cdots & s_1^{n'}(m_n) \\ s_2^{1'}(m_1) & s_2^{2'}(m_2) & \cdots & s_2^{i'}(m_i) & \cdots & s_2^{n'}(m_n) \\ \cdots & \cdots & \cdots & \cdots & & \cdots \\ s_l^{1'}(m_1) & s_l^{2'}(m_2) & \cdots & s_l^{i'}(m_i) & \cdots & s_l^{n'}(m_n) \\ \cdots & \cdots & \cdots & \cdots & & \cdots \\ s_x^{1'}(m_1) & s_x^{2'}(m_2) & \cdots & s_x^{i'}(m_i) & \cdots & s_x^{n'}(m_n) \end{bmatrix} = (v'_{xw}) \quad (4.24)$$

其中，$s_l^{i'}(m_i) = (FoS_{\text{similarity}\ l}^{i'}, FoS_{\text{distance}\ l}^{i'}, sPQoS_{1\ l}^{i'}, sPQoS_{2\ l}^{i'}, \cdots)$，$w \in [1, p]$，$l \in [1, x]$，每行的元素个数为 $p = \sum_{i=1}^{n} m_i$，(v'_{xw}) 是由数据处理后的每个服务属性组成的列表。

$\boldsymbol{B}$ 是组合 sc_l 中的第 i 个元服务的功能属性序列，则该组合中元服务 s_i 功能属性与对应元任务 FoS 属性的余弦相似度计算如下：

$$FoS_{\text{similarity}\ l}^{i'} = \frac{\boldsymbol{A} \cdot \boldsymbol{B}}{\|\boldsymbol{A}\| \cdot \|\boldsymbol{B}\|} = \frac{\sum_{w=1}^{m_i} (\boldsymbol{A}[w] \times \boldsymbol{B}[w])}{\sqrt{\sum_{w=1}^{m_i} (\boldsymbol{A}[w])^2} \times \sqrt{\sum_{w=1}^{m_i} (\boldsymbol{B}[w])^2}} \quad (4.25)$$

元服务 s_i 功能属性与对应元任务 FoS 属性的欧氏距离计算公式为

$$FoS_{\text{distance}\ l}^{i'} = \sqrt{\sum_{w=1}^{m_i} (\boldsymbol{A}[w] - \boldsymbol{B}[w])^2} \quad (4.26)$$

③ 归一化，形成标准化矩阵。将服务过程矩阵 $\boldsymbol{SPM}$ 的每个元素归一化，形成服务标准化矩阵（service standardization matrix，SSM），表示如下：

$$\boldsymbol{SSM} = (v_{xw}) \quad (4.27)$$

其中效益型指标，属性值越大越好，如余弦相似度、可回收性、可靠性等，其归一化方式如下：

$$v_{xm} = \frac{v'_{xm} - \min_{x}(v'_{xm})}{\max_{xm}(v'_{xm}) - \min_{x}(v'_{xm})} \quad (4.28)$$

其中成本型指标，属性值越小越好，如欧氏距离、成本等，其归一化方式如下：

$$v_{xm} = \frac{\max\limits_{x}(v'_{xm}) - v'_{xm}}{\max\limits_{x}(v'_{xm}) - \min\limits_{x}(v'_{xm})} \tag{4.29}$$

(2) 适应度计算

适应度的计算是根据正负理想解的数值距离与形状相似度得出。计算过程如下：

① 确定正理想解和负理想解。正理想解代表与任务参数最接近的序列；负理想解代表组合与任务参数最远的序列。根据服务标准化矩阵 SSM，确定正理想解（PIS）和负理想解（NIS）。

$$PIS = \{(\max(v_{xl})|l \in \boldsymbol{J}^+), (\min(v_{xl})|l \in \boldsymbol{J}^-)\} = \{v_{1l}^+, v_{2l}^+, v_{3l}^+, \cdots, v_{\sum m_i l}^+\}$$
$$NIS = \{(\min(v_{xl})|l \in \boldsymbol{J}^+), (\max(v_{xl})|l \in \boldsymbol{J}^-)\} = \{v_{1l}^-, v_{2l}^-, v_{3l}^-, \cdots, v_{\sum m_i l}^-\}$$
$$\tag{4.30}$$

其中，$\boldsymbol{J}^+$ 与效益标准有关，如 QoS 属性中的可靠性和可回收性，FoS 属性的余弦相似度；$\boldsymbol{J}^-$ 与成本标准有关，如 FoS 属性的欧氏距离，QoS 属性的服务成本。

② 灰色关联度计算。计算各组合 sc_l 到正理想解与负理想解的欧氏距离以及灰色关联度。其中 x 表示组合个数，每个组合有 p 个参数。

正理想解灰色关联度计算：

$$GreyCorrelationPositive_l = \frac{1}{p}\sum_{w=1}^{p}\frac{\min\limits_{l=1}^{x}\min\limits_{w=1}^{p}|v_{wl}^+ - v_{wj}| + \rho\max\limits_{l=1}^{x}\max\limits_{w=1}^{p}|v_{wl}^+ - v_{wl}|}{|v_{wl}^+ - v_{wl}| + \rho\max\limits_{l=1}^{x}\max\limits_{w=1}^{p}|v_{wj}^+ - v_{wl}|} \tag{4.31}$$

负理想解灰色关联度计算：

$$GreyCorrelationNegative_l = \frac{1}{p}\sum_{w=1}^{p}\frac{\min\limits_{l=1}^{x}\min\limits_{w=1}^{p}|v_{wl}^- - v_{wl}| + \rho\max\limits_{l=1}^{x}\max\limits_{w=1}^{p}|v_{wl}^- - v_{wl}|}{|v_{wl}^- - v_{wl}| + \rho\max\limits_{l=1}^{x}\max\limits_{w=1}^{p}|v_{wl}^- - v_{wl}|} \tag{4.32}$$

③ 计算组合 sc_l 到正理想解与负理想解的欧氏距离。组合 sc_l 到正理想解和负理想解的欧氏距离反映每个组合与理想解的数值距离。到正理想解的欧氏距离为

$$DistancePositive_l = \sqrt{\sum_{w=1}^{p}(v_{wl}^+ - v_{wl})^2}, l = 1, 2, \cdots, x \tag{4.33}$$

到负理想解的欧氏距离为

$$DistanceNegative_l = \sqrt{\sum_{w=1}^{p}(v_{wl}^{-} - v_{wl})^2}, l=1,2,\cdots,x \quad (4.34)$$

④ 计算组合 sc_l 的适应度。基于以上结果，第 l 个服务组合适应度计算方法如下：

$$f(sc_l) = 0.5 \times \frac{DistancePositive_l}{DistancePositive_l + DistanceNegative_l} +$$
$$0.5 \times \frac{GreyCorrelationNegative_l}{GreyCorrelationPositive_l + GreyCorrelationNegative_l}$$
$$(4.35)$$

4.4 服务组合评价模型的验证

4.4.1 实验设置及案例选择

为了测试本章提出的 FEM 评价模型与 PCEM 评价模型的可行性与有效性，我们设置了一组实验对其分别验证。实验平台操作系统为 Windows® 7 professional，开发环境为 Pycharm2019，编程语言为 Python3.7。实验平台的硬件配置为 Intel i7-4510U 双核 CPU 处理器，主频为 2.0GHz，8GB 内存。

本节以 14 项顺序复杂制造任务用于测试，表 4.1 中显示了元任务序列流程，各个元任务的属性信息主要包括基本属性、流程属性、功能属性和质量属性。

表 4.1 制造任务

基本属性	流程属性		功能属性			质量属性	
元任务序号	前任务	后任务	$tFoSP_1$	$tFoSP_2$	$tFoSP_3$	$tQoSP_1$	$tQoSP_2$
01	—	02	33.4	2	3	较好	优秀
			85	1	1	较好	较好
			115	0.5	0.9	优秀	优秀
			115	0.5	0.9	较好	较好
02	01	03	41.5	1.26	2	较好	较好
			200	0.5	0.5	优秀	一般
			200	0.2	0.5	较好	较好
			200	0.2	0.5	较好	一般
03	02	04	25.6	0.45	1.25	优秀	较好

续表

基本属性	流程属性		功能属性			质量属性	
元任务序号	前任务	后任务	$tFoSP_1$	$tFoSP_2$	$tFoSP_3$	$tQoSP_1$	$tQoSP_2$
04	03	05	20.1	0.72	1.5	较好	较好
05	04	06	8	1.2	0.15	较好	较好
06	05	07	23	0.5	0.5	较好	一般
07	06	08	65	0.8	1.5	较好	较好
			100	0.5	1	较好	较好
			56	0.8	1	较好	较好
08	07	09	20.4	0.86	1.25	较好	一般
09	08	10	21.8	0.4	1.5	较好	较好
10	09	11	9	0.82	0.125	较好	较好
11	10	12	—	—	1	较好	较好
12	11	13	21.8	0.2	0.85	较好	较好
13	12	14	25.4	0.4	1	较好	较好
14	13	—	118	28.8	22	较好	一般

4.4.2　FEM 评价模型验证结果分析

(1) 三角模糊数转换

建立三角模糊数隶属函数值，将任务的语言值转换为对应的模糊三角函数值。如图 4.4 所示，"差"的 TFN 值为 (0,0.08,0.2)，"较差"的三角模糊数值为 (0.2,0.25,0.4)，"正常"的三角模糊数值为 (0.4,0.55,0.68)，"较好"的三角模糊数值为 (0.68,0.8,0.85)，"好"的三角模糊数值为 (0.85,0.9,1)。具体数值可以根据情况的不同而改变。

(2) 实验过程及分析

以元任务序号为标准，计算每个元服务各 FoS 参数的优势度，结果如表 4.2 所示。计算每个元服务 QoS 优势度，以任务序号为标准，结果如表 4.3 所示。

FEM 评价模型中的权重设置为 $\alpha_1=0.3$，$\alpha_2=0.4$，$\alpha_3=0.3$，该权重设置是根据专家经验所设置。对资源 QoS 的排序指标进行归一化处理，最后得出最终 QoS 优势度。为了比较 FEM 的有效性，我们选择了三个因素：Cost、FoS、QoS 作为进化的评价因子进行实验比较。Cost 用于计算服务组合的成本；FoS 评价用于计算所有服务组合的功能值；QoS 评价用于计算所有服务组合的质量属性值。使用遗传算法迭代 300 次，分别记录 100 次迭代、200 次迭代和 300 次迭代的组合，并计算组合的其他评价值，结果如

图 4.5 和表 4.4 所示。

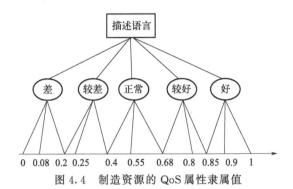

图 4.4　制造资源的 QoS 属性隶属值

表 4.2　部分元服务 FoS 相对优势结果

元任务序号	资源 ID	$sFoSP_1$ 的 FoS 优势	$sFoSP_2$ 的 FoS 优势	$sFoSP_3$ 的 FoS 优势
01	101105	7.97	11.00	11.00
01	101106	7.97	11.00	11.00
02	101127	15.82	16.00	16.00
02	101128	15.93	16.00	16.00
03	101161	13.52	14.00	14.00
03	101162	13.26	14.00	14.00
03	101163	14.84	14.00	14.00
03	101164	13.78	14.00	14.00
03	101165	13.52	14.00	14.00
04	101187	6.64	3.62	4.00
04	101188	6.33	3.81	4.00
…	…	…	…	…

表 4.3　部分元服务 QoS 优势度值

任务名	资源 ID	$sQoSP_1$ 的 QoS 优势度	$sQoSP_2$ 的 QoS 优势度
01	101105	0.57	0.45
01	101106	0.61	0.54
02	101182	0.63	0.87
02	101183	0.67	0.81
03	101290	0.76	0.76
03	101291	0.50	0.57
04	101304	0.65	0.50
04	101305	0.57	0.79

续表

任务名	资源 ID	$sQoSP_1$ 的 QoS 优势度	$sQoSP_2$ 的 QoS 优势度
05	101128	0.52	0.55
05	101129	0.85	0.86
...	...	...	...

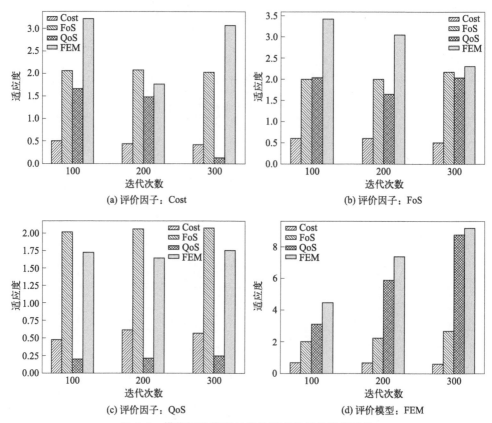

图 4.5 模糊评价模型与其他因素的评价效果对比

表 4.4 不同评价因子评价值

评价因子	Cost			FoS		
迭代次数	100	200	300	100	200	300
Cost	0.5032	0.4361	0.4171	0.6108	0.6013	0.5014
FoS	2.0588	2.0681	2.0211	1.9906	1.9995	2.1575
QoS	1.6466	1.4784	0.1248	2.0282	1.6484	2.0282
FEM	3.2022	1.7569	3.0833	3.4081	0.0466	2.3052

续表

评价因子	QoS			FEM		
迭代次数	100	200	300	100	200	300
Cost	0.4722	0.6151	0.566	0.6581	0.6426	0.5921
FoS	2.0075	2.0538	2.0705	1.9991	2.1769	2.6532
QoS	0.1899	0.2031	0.2424	3.1141	5.8545	8.7412
FEM	1.7253	1.6417	1.7469	4.4551	7.3888	9.1534

由以上结果可以看出，只有 Cost、FoS、QoS 属性的评价缺乏组合效果的适用性。通过不断迭代，这些评价因子会导致服务组合的某些方面的适用性降低。FEM 评价模型集合了 Cost、FoS 和 QoS 来评估服务组合，并可以实现模糊数的评价。结果显示，随着 FEM 评价模型不断优化，整体效果不断提高，各评价因子的适应性也越来越好。因此，FEM 评价模型在迭代过程中有效地结合 FoS 属性与 QoS 属性，并有效地处理了模糊表述问题，从行业垂直领域角度全面地提高了服务组合的质量。

4.4.3 PCEM 评价模型验证结果分析

以元任务序列为基础，组合元服务，得回多种组合，部分组合如图 4.6 所示。以服务组合中所涉及的参数属性，按照顺序依次编排，并进行归一化，获取标准化矩阵 SSM，该矩阵的部分数据展示如图 4.7 所示，所有的参数值都换算到了 0 和 1 之间。

组合	t_1	t_2	t_3	t_4	t_5	t_6	t_7	t_8	t_9	t_{10}	t_{11}	t_{12}	t_{13}	t_{14}
sc_1	103155	201101	301070	103007	201139	201028	301068	103043	104151	103241	104230	201092	301079	201126
sc_2	103028	201068	301097	103079	201064	201112	301037	103026	104196	103109	104235	201096	301098	201092
sc_3	103037	201070	301025	103197	201018	201137	301062	103065	104087	103238	104052	201081	301055	201040
sc_4	103051	201026	301053	103180	201076	201045	301116	103188	104038	103081	104106	201136	301142	201065
sc_5	103236	201108	301101	103245	201116	201051	301098	103262	104222	103076	104116	201134	301105	201108
sc_6	103142	201048	301132	103152	201037	201064	301076	103113	104020	103183	104059	201002	301057	201137
sc_7	103185	201030	301045	103146	201099	201041	301120	103102	104264	103247	104014	201037	301072	201146
sc_8	103051	201048	301053	103176	201076	201103	301116	103142	104038	103183	104106	201117	301142	201094
sc_9	103218	201108	301066	103245	201121	201051	301061	103262	104276	103076	104010	201134	301074	201108

图 4.6 部分服务组合

根据标准化矩阵 SSM 计算到正理想解和到负理想解的关联度。表 4.5 展示了部分组合与正理想解和负理想解的关联度，并以正理想解和负理想解计算

$$SSM = \begin{bmatrix} \cdots & \cdots & \cdots & \cdots & \cdots & \cdots & \cdots & \cdots & \cdots & \cdots & \cdots \\ 0.57 & 1.00 & 0.43 & 0.12 & 0.17 & 0.34 & 1.00 & 0.38 & 0.95 & 0.84 & \cdots \\ 1.00 & 1.00 & 0.96 & 0.55 & 0.76 & 0.51 & 1.00 & 0.94 & 0.71 & 0.70 & \cdots \\ 0.99 & 1.00 & 0.55 & 0.48 & 0.93 & 0.45 & 1.00 & 0.62 & 0.43 & 0.96 & \cdots \\ 1.00 & 1.00 & 0.45 & 0.24 & 0.19 & 0.10 & 0.99 & 0.96 & 0.28 & 0.85 & \cdots \\ 0.70 & 1.00 & 0.20 & 0.17 & 0.94 & 0.65 & 1.00 & 0.56 & 0.12 & 0.15 & \cdots \\ 0.63 & 1.00 & 0.96 & 0.46 & 0.78 & 0.72 & 1.00 & 0.20 & 0.62 & 0.23 & \cdots \\ 0.99 & 1.00 & 0.71 & 0.48 & 0.11 & 0.10 & 0.99 & 0.64 & 0.75 & 0.85 & \cdots \\ 1.00 & 1.00 & 0.47 & 0.77 & 0.67 & 0.10 & 1.00 & 0.30 & 0.94 & 0.60 & \cdots \\ 0.68 & 1.00 & 0.90 & 0.13 & 0.97 & 0.17 & 1.00 & 0.68 & 0.45 & 0.37 & \cdots \\ 0.68 & 1.00 & 0.90 & 0.13 & 0.97 & 0.10 & 0.99 & 0.82 & 0.50 & 0.18 & \cdots \\ \cdots & \cdots & \cdots & \cdots & \cdots & \cdots & \cdots & \cdots & \cdots & \cdots & \cdots \end{bmatrix}$$

图 4.7 评价矩阵部分数据展示

了 TOPSIS、GC（Grey）及 PCEM 的值。

表 4.5 部分组合的不同关联度值

服务组合	到正理想解的距离	到负理想解的距离	与正理想解的灰色关联度	与负理想解的灰色关联度	TOPIS	Grey	PCEM
sc_1	5.55	5.18	0.66	0.67	0.5171	0.2701	0.3936
sc_2	5.63	5.03	0.66	0.67	0.5281	0.2793	0.4037
sc_3	5.28	5.43	0.66	0.67	0.4932	0.3812	0.4372
sc_4	5.87	4.87	0.66	0.67	0.5467	0.4722	0.5095
sc_5	5.98	4.61	0.66	0.67	0.5644	0.4473	0.5058
sc_6	5.54	4.99	0.66	0.67	0.5263	0.4599	0.4931
sc_7	5.44	5.37	0.66	0.67	0.5034	0.5013	0.5023
sc_8	5.66	4.96	0.66	0.67	0.5329	0.5049	0.5189
sc_9	5.81	4.89	0.66	0.67	0.5428	0.4871	0.5149
sc_{10}	5.49	5.50	0.66	0.67	0.4996	0.5135	0.5066
...	...	...	...	...	...	...	...

图 4.8 展示分别按照 TOPSIS、GC 及 PCEM，对某一服务组合种群使用遗传算法进行 300 次进化之后的前 50 个参数与任务参数的形状与距离，部分参数值见表 4.6。图 4.8 中菱形符号是任务参数，为比较标准。可以看出，PCEM 评价模型获取的组合无论在数值还是形状方面都更接近任务参数。因此，PCEM 评价模型可以在横向角度从参数数值距离和形状相似度两方面来评价服务组合参数配置效果。

第4章 T型云制造模式下服务组合评价

表 4.6 部分参数值对比

参数序号	1	2	3	4	5	6	7	8	9	10
任务参数	0.6	68.16	0.9	1.6	1	50	0.4	3	1	70
PCEM	0.59	136.1	0.9	2.7	0.57	29	0.47	4.56	0.43	114
TOPSIS	0.52	174	0.2	3.9	0.21	77	0.1	3.51	0.47	130
GC	0.54	236.1	0.9	2.34	0.77	31	0.35	4.56	0.33	103
参数序号	11	12	13	14	15	16	17	18	19	20
任务参数	0.3	2.2	0.6	65	0.8	1.5	1	55	0.5	2.8
PCEM	0.5	2.1	0.88	63	1.7	0.7	0.28	62	0.37	3.5
TOPSIS	0.35	0.2	0.56	11.7	1.4	0.9	0.24	35	0.66	3.62
GC	0.4	0.53	0.78	73	1.96	0.36	0.38	56	0.18	3.35

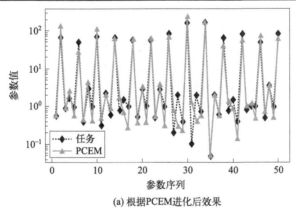

(a) 根据PCEM进化后效果

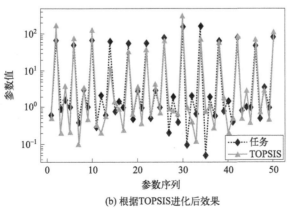

(b) 根据TOPSIS进化后效果

图 4.8

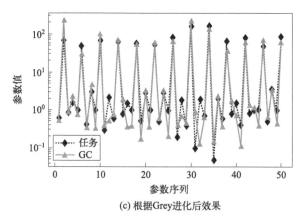

(c) 根据Grey进化后效果

图 4.8　300 次迭代后形状相似度对比

4.5　本章小结

本章主要研究了资源优化配置的服务组合评价模型，为服务的优化提供了必要的决策依据，为横向服务的获取奠定了基础。首先，面向纵向服务优势，提出了 FEM 评价模型。FEM 评价模型根据服务功能可体现服务满足任务需求的合理性，引入 FoS 属性作为评价因子，并从 FoS 与 QoS 参数的不同模糊角度对服务组合进行评价。其次，讨论了元任务序列的功能参数配置的指导性，面向横向服务优势，提出了 PCEM 评价模型。PCEM 评价模型通过计算服务组合与任务参数序列配置的相似度实现对服务组合效果的评价。最后，选择了一组实验样本分别对两个评价模型进行验证，验明了本章提出的两个评价模型可用于从 T 型结构不同角度评价服务组合。

第 5 章
T 型云制造模式下服务组合优化

服务组合的优化是 T 型云制造模式获取横向服务的关键方式。本章在前面四章的基础上,重点研究 T 型云制造模式服务组合的优化方法,即横向服务的获取方法。根据 T 型云制造模式下服务组合的特征及在服务组合优化过程中导致的问题,提出了移动窗口花授粉算法(moving window flower pollination algorithm,MWFPA)来高效地优化服务组合,获取优质横向服务。

5.1 服务组合优化方法理论基础

5.1.1 服务组合优化描述

T 型云制造模式通过优质的横向服务完成任务促进企业协同。服务组合优化是根据不同任务选择不同的候选服务进行组合并不断优化,最终产生优质横向服务。随着大量服务的出现和不断发起的任务请求,将会产生越来越多的服务组合[116]。服务组合优化作为多目标优化问题已有多种进化算法可以求解[117],如遗传算法[118,119]、差分算法[120,121]、布谷鸟算法[122,123]、粒子群优化算法[124]、模拟退火算法[125] 等。其解决模式大体一致,如图 5.1 所示,主要包括三步:第一步,将大量的服务组合集合为一个种群;第二步,在种群中选择需要进化的两个服务组合;第三步,将这两个服务组合交叉与变异。通过不断地重复第二步与第三步,从而完成优化并选择最优组合。也就是说,服务组合优化的实现主要是通过对服务组合群体不断地进行进化与更新。在每一次进化时,使用评价值高的服务组合替代评价值低的服务组合,即增加种群中优秀服务组合个数。服务组合优化是 T 型云制造模式资源优化配置的最后一步,也是获取优质横向服务的实现方法。

5.1.2 FPA 算法基础理论

2012 年,Yang 提出了花授粉算法(flower pollination algorithm,FPA)[126]。

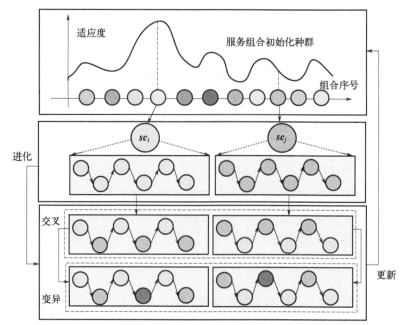

图 5.1 服务组合优化流程

FPA 通过模拟自然界中花朵授粉的方式来实现群体多目标优化，是一种新型的启发式多目标优化算法。FPA 算法主要包括异花授粉和自花授粉两个部分，异花授粉实现全局优化，自花授粉实现局部优化，由切换概率控制这两个优化过程的平衡，促使算法在进化过程中产生更优解。FPA 算法在基于交叉变异的基础上，使用 Lévy 飞行搜索策略避免陷入局部极值，更大范围地遍历到各个局部最优点。在 FPA 算法中，每个花朵代表一个解决方案，具体实现步骤如下：

步骤 1：初始化种群，并且找到当前种群中最优解 c_{best}^{t}。定义切换概率 p（一般情况下，$p=0.8^{[109]}$）及最大迭代次数 t_{max}。

步骤 2：生成随机值 r，其取值范围为 $[0,1]$。如果 $r \leqslant p$，执行步骤 3；反之，执行步骤 4。

步骤 3：异花授粉，根据式（5.1）和服从 Lévy 分布的搜索策略 $levy(\beta)$ 实现。c_{best}^{t} 是第 t 次迭代种群中的最优解决方案，c_{b}^{t} 和 c_{b}^{t+1} 代表当前种群中第 b 个组合的初始方案和优化后的方案。如果 c_{b}^{t+1} 比 c_{b}^{t} 的解更优，则用 c_{b}^{t+1} 替代 c_{b}^{t} 更新种群；反之，则忽略 c_{b}^{t+1}，种群不更新。接下来执行步骤 5。

$$c_{b}^{t+1} = c_{b}^{t} + levy(\beta)(c_{best}^{t} - c_{b}^{t}) \qquad (5.1)$$

步骤 4：自花授粉，实现模型见公式(5.2)。其中，ε 是一个服从 0~1 均匀分布的随机数。c_x^t 和 c_y^t 表示同一植物上的不同的花。如果新的解决方案 c_b^{t+1} 比初始解决方案 c_b^t 更优，则 c_b^{t+1} 替换 c_b^t；反之，不更新种群，继续执行步骤 5。

$$c_b^{t+1} = c_b^t + \varepsilon(c_x^t - c_y^t) \qquad (5.2)$$

步骤 5：如果算法达到终止条件，停止迭代并输出最佳解决方案，反之返回到步骤 2，直到终止条件得以满足。

FPA 算法的主要特征是在异花授粉阶段采用 Lévy 飞行搜索策略[127]。Lévy 飞行搜索策略是基于 Lévy 分布[128,129]的一种随机游走方式。Lévy 分布是法国数学家 Lévy 提出的一种长尾分布，分布规则符合二八定律。Lévy 飞行模拟了动物的觅食方法，特点是可以漫游整个领域，高效地找到猎物密度最高的区域。Lévy 飞行路径如图 5.2 所示，x 轴与 y 轴模拟了二维路径图，图中的每个点代表一次访问记录。由图 5.2 可以看出，在某些区域访问频率高且移动步长较短；而在某些区域访问频率较小，步长较长。因此，Lévy 飞行具有频繁短距离搜索和偶尔长距离搜索的特性。

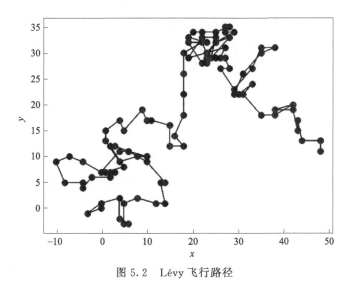

图 5.2 Lévy 飞行路径

Lévy 飞行的具体形式见公式(5.3)。其中，s 是随机步长，β 是指数参数，一般情况下 $\beta=1.5$。

$$levy(\beta) \sim |s|^{-\beta}, \beta \in (1,3) \qquad (5.3)$$

其中，Lévy 飞行的随机步长 s 采用 Mantegna 提出的计算公式，如公式(5.4)所示，其中 Γ 为 Gamma 函数。

$$s = \frac{N(0,\sigma_\mu^2)}{|N(0,\sigma_V^2)|^{1/\beta}}$$

$$\begin{cases} \sigma_\mu = \left\{ \dfrac{\Gamma(1+\beta) \times \sin(\pi\beta/2)}{\Gamma[(1+\beta)/2] \times \beta \times 2^{(\beta-1)/2}} \right\}^{1/\beta} \\ \sigma_V = 1 \end{cases} \quad (5.4)$$

5.2 T型云制造模式下进化算法实现服务组合优化存在问题分析

T型云制造模式下的组合优化是在需求用户的约束条件下产生服务组合并不断优化，获取全局最优服务组合作为横向服务。由于T型云制造模式下服务具有FoS和QoS属性，属性值较多，因此最优服务组合并非单维度优化，而是高维度的空间求解，属于典型的多目标优化问题。T型云制造模式下服务组合具有适应度值分布离散、需要优化属性多、优秀组合二八占比的特征，导致在使用进化算法实现组合优化时面临以下问题。

(1) 适应度值非线性分布不利于搜索遍历

T型云制造模式下，服务组合种群适应度的排列不具有连续的线性关系，而是离散排列。所以，无法使用要求各个组合适应度之间具有线性关系的搜索策略来完成对种群的遍历。需要在优化过程中充分考虑非线性分布特性，便于在进化过程中遍历所有的服务组合。

(2) 大量局部优秀基因被忽视

T型云制造模式下服务组合适应度值分布如图5.3所示，种群适应度呈多折线分布，局部极值较多。局部极值与全局最优值之间差值较小，局部范围内优秀组合较多，优秀基因与普通基因的比例大致为2∶8。因此局部优秀基因的影响不可忽视。

(3) 优化过程中具有较大影响力的基因数量减少

常规的进化算法，在不断迭代更新的过程中，种群的进化依赖于初始化种群中的最优基因，造成种群中局部优秀基因数量在不断迭代的过程中减少。在T型云制造模式下，服务组合的适应度随着不同的合作服务变化而不同，所以应在不断进化过程中强调优秀基因的多样性，使服务组合得以充分优化。

为了提高服务组合的性能，适合T型云制造模式的算法需要满足以下三个条件：

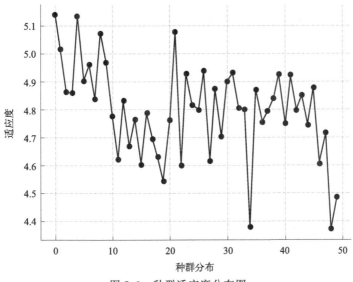

图 5.3 种群适应度分布图

① 服务组合表示方案适用于非线性适应度分布特征的组合，同时可以对组合中的各个属性进行优化；

② 在迭代过程中，不断强化局部优秀基因的影响，即选择局部优秀基因参与交叉和变异过程，使种群的整体适应度不断提高；

③ 在迭代过程中，应不断地引入新的优秀基因，提高种群优秀基因多样性，最大限度地提升服务组合的效果。

在 T 型云制造模式的资源优化配置过程中，服务组合优化需要结合服务的各项特征。随着各个进化算法特性、适用领域不同及优化问题特性不一致，不同的应用算法面临的问题不同，如组合优化不充分、平台开销大、服务成本高等。同时，进化算法的局部搜索能力较差、算法早熟、种群多样性局限等缺陷不可忽视。

由于 FPA 采用 Lévy 飞行搜索策略，其搜索方法根据 Lévy 分布的二八占比特性，具有约为 20% 的长距离搜索、80% 的短距离搜索特性，可最大范围地访问到局部最优点，同时又可避免算法早熟。FPA 实现过程简单，可应用于解决资源优化配置过程中的服务组合优化问题，降低平台开销与服务成本。在 T 型云制造模式并深入分析制造服务组合优化过程的基础上，本章基于 FPA 提出了 MWFPA 算法。目的在于提升种群基因的多样性，增加种群优秀基因的占比与影响力，整体提升种群整体适应度，实现多属性优化，从而提高组合优化效果与优化效率。

5.3 基于 MWFPA 算法的组合优化方法

5.3.1 组合优化过程中的相关定义

本章的目的是获得最佳服务组合（bsc）作为最终的横向服务。获取 bsc 的模型如公式(5.5)所示。符号 f 表示评价模型，sc 表示服务组合（根据定义 5.2，也被称为花）。

$$bsc = \max(f(sc_1), f(sc_2), f(sc_3), \cdots) \tag{5.5}$$

为了便于在基于 T 型云制造模式下对 MWFPA 算法进行讨论，相关概念被重新定义。

定义 5.1 基因：基因代表垂直领域的具体服务，是指满足元任务需求的候选服务，并以元服务的缩写 ms 来表示。对于元任务 t_i，其候选服务集为基因组 $ss_i = \{ms_i^1, ms_i^2, ms_i^3, \cdots, ms_i^{m_i-1}, ms_i^{m_i}\}$，候选服务个数为 m_i。

定义 5.2 花：花是 T 型云制造模式下横向服务的解决方案，在实际应用中以服务组合的缩写 sc 来表示，每个服务组合根据元任务序列选择对应的元服务（ms），将其用组合序号与任务序号表示为（s），并组成一个列表，如第 l 个组合 $sc_l = \{s_l^1, s_l^2, \cdots, s_l^n\}$，共有 n 个元任务。

5.3.2 MWFPA 算法的主导思想

对比基础 FPA 算法，MWFPA 算法改进主要体现在三个方面。

① 链式列表表达方案：链式列表用于表达解决方案（服务组合，sc），将 T 型云制造模式下的离散组合优化问题转换为线性遍历的优化问题，并且便于多属性优化。

② 移动窗口异花授粉：使用移动窗口强化局部优秀组合的影响力，提升种群整体优化效果。

③ 改进的自花授粉：改进自花授粉策略提升优秀基因的多样性，不断地引入新的服务参与组合优化，增强优化效果。

(1) 链式列表表达方案

基础 FPA 算法用于解决一维组合的连续线性分布问题，并不直接适用于多属性离散分布问题，所以 MWFPA 算法提出使用链式列表来表示服务组合的方案。

列表表示种群的方案可以将离散服务组合表示为一个有连续关系的集合，如图 5.4 所示，图中列表 $Plist = \{sc_1, sc_2, \cdots, sc_{np}\}$ 表示初始化种群，np 表示初始化种群的数量。这样可以用线性遍历的方式对离散问题进行处理。列表中每个元素同样使用列表的方式表达，如$sc_l = \{s_l^1, s_l^2, \cdots, s_l^n\}$表示序号为$l$的服务组合，即将每个服务组合都表示为一个单独的列表。后续的服务组合优化就是对$Plist$中的每个元素（花）进行优化，从而实现多属性优化的目的。

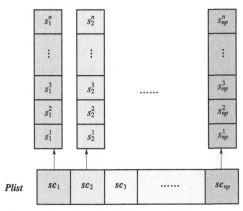

图 5.4　服务组合表示方案

（2）移动窗口异花授粉

在基础 FPA 算法迭代起始，产生一个随机数r，$r \in [0,1]$。当$r \leqslant p$时，执行异花授粉。首先寻找当前种群的最优花，然后根据最优花不断迭代更新种群。然而，在优化更新过程中一些局部区域内表现优异的花由于不是全局最优而被忽略。本章提出移动窗口（moving window）的方法，每次迭代选取最优组合不是在全局范围内选取，而是选择该次迭代窗口区域范围内的最优组合。随着不断更迭，窗口不断移动，通过将窗口内的最优组合与 Lévy 飞行获取位置的组合相结合，进行交叉变异。在全局访问且避免陷入局部极值的前提下，使$Plist$中优秀基因群体影响力扩大。

（3）改进的自花授粉

在基础花授粉中，如果$r > p$，则进行自花授粉。基础 FPA 算法具有强大的全局搜索策略，实现手段一般是局部范围内交叉变异组合，但种群中的优秀基因个数会随着算法的不断迭代而逐渐减少。对于 T 型云制造模式下拥有大量资源的情况，各个优秀基因应在得以保存的前提下不断增加种群优秀基因的多样性，提升种群中优秀基因的占比，使种群的整体适应度得以不断增长，保证每次的迭代更新不仅依靠初始种群中的最优秀基因，还依靠不断更新的优秀基因种群。所以自花授粉要在迭代过程中不断地引入新的优秀基因，替换原始种群中相对落后的基因，实现种群基因的迭代更新与优化。

5.3.3 MWFPA算法的关键步骤

(1) 异花授粉

移动窗口的范围（moving window range）计算方法为如公式(5.6)和公式(5.7)所示。符号 np 为种群数，t 为当前迭代次数（$t>0$）。其中，参数 $MWspan$ 的取值范围为$(0,1]$。

$$span = np * MWspan \tag{5.6}$$

$$MWrange = [(t \bmod (np/span)) * span, ((t+1) \bmod (np/span)) * span] \tag{5.7}$$

以第 t 次迭代为例，异花授粉示意如图5.5所示，模型见公式(5.8)，符号 $\otimes$ 代表替代。首先选择移动窗口范围内服务组合适应度最大位置的组合 sc_{MWbest}^{t}，通过 Lévy 飞行找到新位置的组合 sc_{b}^{t}。交叉 sc_{b}^{t} 和 sc_{MWbest}^{t}，生成两个新的服务组合 sc_{b1}^{t+1} 和 sc_{b2}^{t+1}。根据所选用的评价模型 $f(\cdot)$，将 sc_{b1}^{t+1}、sc_{b2}^{t+1} 和 sc_{b}^{t} 三个组合进行比较，最大适应度组合替换 $Plist[sc_{b}^{t}]$，然后进行下一次迭代。

$$sc_{b1}^{t+1}, sc_{b2}^{t+1} = levy(\beta)(sc_{MVbest}^{t} \otimes sc_{b}^{t}) \tag{5.8}$$

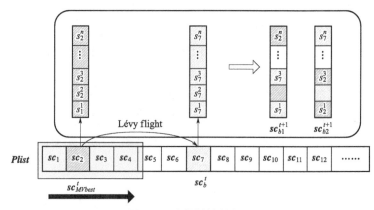

图 5.5 异花授粉的实现

(2) 自花授粉

以第 t 次迭代过程为例，具体如图5.6所示。首先随机生成值 rt，即服务组合案例所在种群 $Plist$ 中的位置；其次随机生成恒定系数 ε_t，$\varepsilon_t \in (0,1)$，计算需变异的基因个数：$\varepsilon_t \times n$；最后从已匹配该位置任务的服务集中选择不同的服务替换，如公式(5.9)所示，符号 ← 表示从对应的候选服务集中选择一个元服务，替换 sc_{rt}^{t} 中指定位置的内容。判断替换后的组合 sc_{rt}^{t+1} 是否优于先前的组合 sc_{rt}^{t}，若优于，则替换；反之，继续进行下一次迭代。其中，符号 n 表示元任务总数。

$$sc_{rt}^{t+1} = (sc_{rt}^{t} \leftarrow ss_{rt})_{\varepsilon_t \times n} \quad (5.9)$$

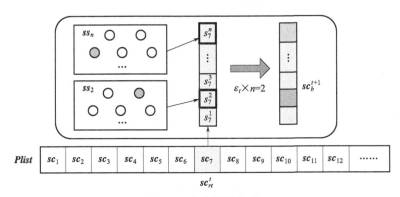

图 5.6 自花授粉实现

5.3.4 基于 MWFPA 算法的服务组合优化过程

在基于任务完成资源到服务的映射，并且在每个元任务均产生可用的服务集的前提下，开始服务组合优化，即开始执行 MWFPA 算法。实施过程如图 5.7 所示。

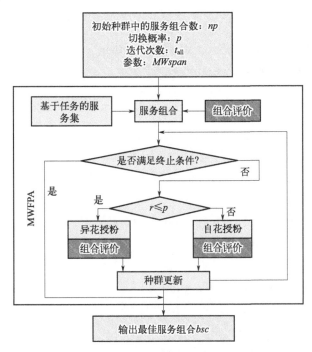

图 5.7 基于 MWFPA 算法的组合优化流程

首先，设置初始化参数：初始种群中的服务组合数 np、切换概率 p、迭代次数 t_{all} 和参数 $MWspan$，根据元任务序列对服务集中的元服务进行组合生成初始化种群。利用评价模型对初始群体中的各个服务组合进行评价。其次，在每次迭代开始时，生成一个随机数 r。$r \leqslant p$ 时进行异花授粉；否则，进行自花授粉。根据每个新组合的评价值，判断是否更新种群。若新组合的适应度高于旧组合，则更新种群；反之，不更新。最后，当终止条件满足时，输出当前种群的最佳服务组合 bsc。此时，bsc 为横向服务。

MWFPA 算法实现组合优化的伪代码如下：

输入：
1：初始化种群中服务组合的数量：np
2：切换概率：p
3：总迭代次数：t_{all}
4：参数：$MWspan$
输出：最优组合：bsc
5：生成 np 个服务组合形成 $Plist$
6：$span = np * MWspan$ 式(5.6)
7：$t = 0$
8：**while** $t \leqslant t_{all}$ **do**
9：   **if** Random ($r \in (0, 1)$) $\leqslant p$ **then**
10：   **Function** Cross-pollination (t)
11： $MWrange = (t \mod (\frac{np}{span}) * span, (t+1) \mod (\frac{np}{span}) * span)$ 式(5.7)
12： $sc_{MWbest} \leftarrow \max(f(Plist[MWrange]))$
13： $sc_{b1}^{t+1}, sc_{b2}^{t+1} = levy(\beta)(sc_{MVbest}^{t} \otimes sc_{b}^{t})$ 式(5.8)
14： $Plist[sc_{b}^{t}] \leftarrow \max(f(sc_{b}^{t}), f(sc_{b1}^{t+1}), f(sc_{b2}^{t+1}))$
15：   **end function**
16：   **else**
17：   **Function** Self-pollination (t)
18： $sc_{rt}^{t} \leftarrow random(Plist)$
19： $sc_{rt}^{t+1} = (sc_{rt}^{t} \leftarrow ss_{rt})_{\varepsilon_{t} \times n}$ 式(5.9)
20： $Plist[sc_{rt}^{t}] \leftarrow \max(f(sc_{rt}^{t}), f(sc_{rt}^{t+1}))$

21:     **end function**
22:   **end if**
23:   $t=t+1$
24: **end while**

5.4 基于 MWFPA 算法资源优化配置的验证

5.4.1 实验设置及案例选择

本章采用 4.4 节的实验案例，分别利用 FEM 评价模型及 PCEM 评价模型进行实验分析。当一个元任务有多个元服务可以匹配时，仅选择一个服务参与组合。实验根据元任务序列的要求组合服务，不断优化评估组合。实验平台操作系统为 Windows® 7 professional，开发环境为 Pycharm2019，编程语言为 Python3.7。实验平台的硬件配置为 Intel i7-4510U 双核 CPU 处理器，主频为 2.0GHz，8GB 内存。

为了说明 MWFPA 算法的有效性、收敛速度、效率及参数影响，本章选择 MGFPA 算法（modified global flower pollination algorithm，修正全局传粉算法）[130] 和 MCFPA 算法（differential evolution flower pollination algorithm with dynamic switch probability based on continuous optimization mechanism）[131] 与之进行对比。根据 MWFPA 算法的组合优化过程，在服务数量充足的前提下，最佳结果主要取决于初始种群规模和迭代次数。本章选择种群数为 50、100、300、500 的种群，分别进行 500 次迭代。

5.4.2 实验结果分析

(1) 有效性分析

本节在不同初始种群和不同迭代次数下进行了实验分析，每组比较实验都是基于相同的种群。在资源充足的情况下，基于不同种群数在相同迭代次数的条件下进行实验分析。每进行 20 次迭代，记录一次当前种群的最优组合适应度值。MWFPA 算法的参数 $MWspan$ 设置为 0.2。

① 基于 FEM 评价模型。在这个实验中，模糊评价模型的权值 $\alpha_1=0.3$、$\alpha_2=0.4$、$\alpha_3=0.3$。MWFPA 算法、MGFPA 算法和 MCFPA 算法的最佳适应度进化轨迹比较如图 5.8 所示，表 5.1 记录了部分最佳适应度值。

② 基于 PCEM 评价模型。基于 PCEM 评价模型的 MWFPA 算法、MGFPA

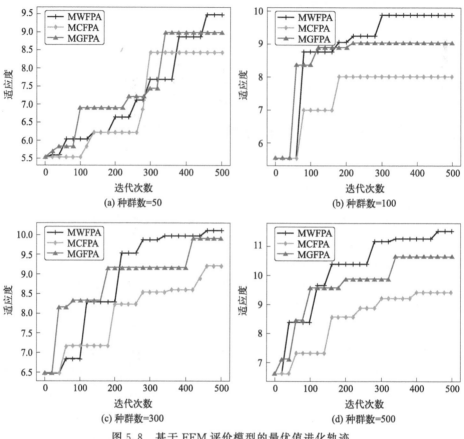

图 5.8 基于 FEM 评价模型的最优值进化轨迹

算法和 MCFPA 算法的最佳适应度进化轨迹比较如图 5.9 所示，表 5.2 记录了部分最佳适应度值。

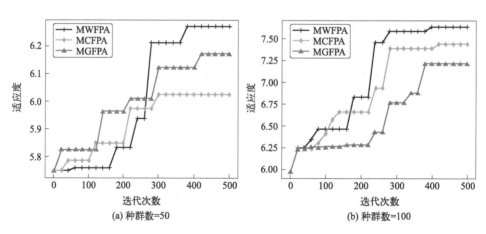

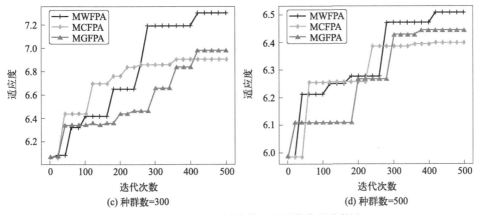

(c) 种群数=300　　　　　　　　　(d) 种群数=500

图 5.9　基于 PCEM 评价模型的最优值进化轨迹

表 5.1　基于 FEM 评价模型的部分最优值记录

种群数	算法	迭代次数					
		0	100	200	300	400	500
50	MWFPA	5.5264	6.0365	6.6473	7.6884	8.8647	9.4724
	MCFPA	5.5264	5.5406	6.2313	8.4233	8.4233	8.4233
	MGFPA	5.5264	6.8836	6.8836	7.4424	8.9843	8.9843
100	MWFPA	5.5534	8.7619	9.0538	9.8712	9.8712	9.8712
	MCFPA	5.5534	6.9997	8.0107	8.0107	8.0107	8.0107
	MGFPA	5.5534	8.3621	8.8886	9.0374	9.0374	9.0374
300	MWFPA	6.4657	6.8352	8.2724	9.8768	9.9724	10.113
	MCFPA	6.4657	7.1701	8.2352	8.5426	8.6061	9.2098
	MGFPA	6.4657	8.3286	9.1511	9.1511	9.1649	9.9098
500	MWFPA	6.6069	8.3763	10.386	11.161	11.254	11.532
	MCFPA	6.6069	7.3204	8.5686	9.2076	9.4029	9.4029
	MGFPA	6.6069	9.5733	9.8675	9.8675	10.643	10.643

表 5.2　PCEM 评价模型的部分最优值记录

种群数	算法	迭代次数					
		0	100	200	300	400	500
50	MWFPA	5.7464	5.7563	5.8323	6.2131	6.2721	6.2721
	MCFPA	5.7464	5.7836	5.8475	6.0238	6.0238	6.0238
	MGFPA	5.7464	5.8234	5.9622	6.1232	6.1232	6.1723

续表

种群数	算法	迭代次数					
		0	100	200	300	400	500
100	MWFPA	5.9748	6.4641	6.8288	7.5831	7.6294	7.6294
	MCFPA	5.9748	6.4144	6.6572	7.3839	7.3839	7.4385
	MGFPA	5.9748	6.2575	6.2791	6.7651	7.2133	7.2133
300	MWFPA	6.0631	6.4154	6.6498	7.1848	7.1848	7.2982
	MCFPA	6.0631	6.4345	6.7584	6.8563	6.9012	6.9012
	MGFPA	6.0631	6.3384	6.4384	6.6551	6.8374	6.9764
500	MWFPA	5.9845	6.2117	6.2767	6.4712	6.4712	6.5082
	MCFPA	5.9845	6.2543	6.2576	6.3862	6.3929	6.3988
	MGFPA	5.9845	6.1089	6.2667	6.4281	6.4434	6.4434

从以上两组实验结果中可以看出，无论种群大小和任务数量如何，MWFPA算法在迭代初始阶段的优化效果并不明显，这是因为移动窗口选择的最佳组合是局部的而不是全局的。但在随后的迭代过程中，局部优秀基因在种群中的影响增大，加强了优化效果。同时，随着种群数的增加，优化效果较另外两个算法更为明显。因此，MWFPA算法的优化效果较另外两种算法更为突出。

(2) 收敛速度分析

收敛速度是迭代次数与平均适应度值之间的关系。为了分析收敛性，本部分在不同初始种群和不同迭代次数下进行了实验分析，每组比较实验都是基于相同的种群。同样，本部分是在假定资源充足的情况下，基于不同种群数但相同迭代次数的条件下进行的实验分析。每进行20次迭代，记录一次当前种群的平均适应度值，MWFPA算法参数 $MWspan$ 设置为0.2。

① 基于FEM评价模型。设置FEM评价模型的权值 $\alpha_1=0.3$，$\alpha_2=0.4$，$\alpha_3=0.3$。基于FEM评价模型的MWFPA算法、MGFPA算法和MCFPA算法的适应度值的平均值轨迹如图5.10所示，部分平均适应度值记录如表5.3所示。

② 基于PCEM评价模型。基于PCEM评价模型的MWFPA算法、MGFPA算法和MCFPA算法的平均适应度值的轨迹比较如图5.11所示，部分平均适应度值记录如表5.4所示。

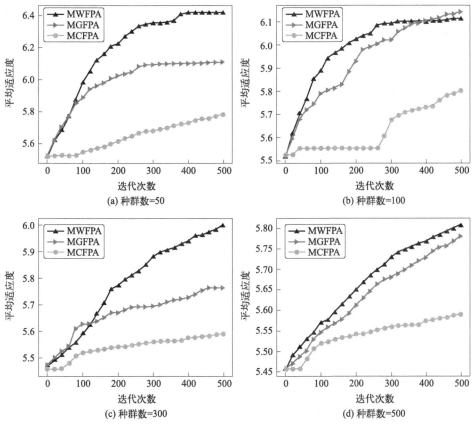

图 5.10 基于 FEM 评价模型的平均值轨迹

表 5.3 部分基于 FEM 评价模型的平均值

种群数	算法	迭代次数					
		0	100	200	300	400	500
50	MWFPA	5.5189	5.9864	6.2254	6.3553	6.4218	6.4242
	MCFPA	5.5189	5.5452	5.6132	5.6801	5.7273	5.7808
	MGFPA	5.5189	5.8899	6.0249	6.0914	6.0914	6.1117
100	MWFPA	5.5233	5.9864	6.2254	6.3553	6.4218	6.4242
	MCFPA	5.5233	5.5533	5.5533	5.6743	5.7307	5.8021
	MGFPA	5.5233	5.7891	5.9278	6.0206	6.1050	6.1416
300	MWFPA	5.4700	5.5912	5.7710	5.8804	5.9374	5.9981
	MCFPA	5.4700	5.5185	5.5412	5.5591	5.5735	5.5901
	MGFPA	5.4700	5.6262	5.6702	5.6926	5.7243	5.7650

续表

种群数	算法	迭代次数					
		0	100	200	300	400	500
500	MWFPA	5.4559	5.5519	5.6563	5.7391	5.7949	5.8264
	MCFPA	5.4559	5.5185	5.5412	5.5591	5.5735	5.5901
	MGFPA	5.4559	5.5452	5.6132	5.6800	5.7273	5.7808

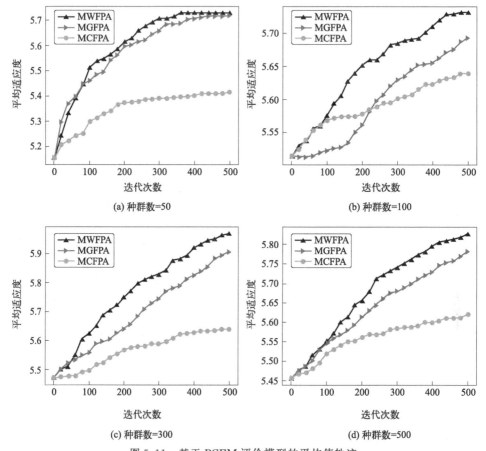

图 5.11 基于 PCEM 评价模型的平均值轨迹

从以上两组对比实验结果可以看出，MWFPA 算法的整体优化效果都是相对稳定的，没有过早收敛或收敛失败，原因是优秀的基因影响整个种群。MWFPA 算法在不断优化种群的同时，不断增强基因的多样性，使其不因为落入某一极值而导致过早收敛。随着迭代时间的增加，由于种群优化的速度相对固定，导致均值的增长速度减慢。但是与其他两种算法相比，MWFPA 算法不容易提前收敛。

表 5.4 部分基于 PCEM 评价模型的平均值

种群数	算法	迭代次数					
		0	100	200	300	400	500
50	MWFPA	5.1542	5.5132	5.6127	5.7061	5.7274	5.7274
	MCFPA	5.1542	5.2961	5.3718	5.3888	5.4017	5.4135
	MGFPA	5.1542	5.4605	5.5972	5.6576	5.7043	5.7177
100	MWFPA	5.5133	5.5743	5.6504	5.6838	5.7089	5.7316
	MCFPA	5.5133	5.5671	5.5841	5.6003	5.6223	5.6402
	MGFPA	5.5133	5.5211	5.5597	5.6294	5.6541	5.6931
300	MWFPA	5.4701	5.6251	5.7493	5.8275	5.9202	5.9705
	MCFPA	5.4701	5.4957	5.5667	5.5882	5.6257	5.6398
	MGFPA	5.4701	5.5562	5.6573	5.7426	5.8243	5.9051
500	MWFPA	5.4559	5.5519	5.6563	5.7391	5.7949	5.8264
	MCFPA	5.4559	5.5199	5.5612	5.5837	5.6001	5.6204
	MGFPA	5.4559	5.5452	5.6132	5.6801	5.7273	5.7808

(3) 效率分析

MWFPA 算法的时间复杂度分为三个部分：搜索时间是 $O(I \times J \times N)$；自花授粉时间为 $O(I \times J \times S)$；异花授粉时间为 $O(I \times J \times M)$。其中，符号 I 和 J 表示元任务和候选服务的最大数量，移动窗口范围 $MWspan = M$，初始种群数为 N，资源的总数是 S。所以 MWFPA 的时间复杂度为 $O((I \times J) \times (N + S + M))$。为了验证 MWFPA 算法的效率，选择初始种群数为 300 的种群进行优化测试，每 20 次迭代，记录一次当前操作所需的时间。整个优化操作进行了 10 次。

① 基于 FEM 评价模型。设置模糊评价模型的权值 $\alpha_1 = 0.3$，$\alpha_2 = 0.4$，$\alpha_3 = 0.3$。基于 FEM 评价模型的 MWFPA 算法、MGFPA 算法和 MCFPA 算法的执行记录分析以箱形图的形式表示，如图 5.12 所示。

② 基于 PCEM 评价模型。基于 PCEM 评价模型的 MWFPA 算法、MGFPA 算法和 MCFPA 算法的执行记录分析以箱形图的形式表示，如图 5.13 所示。

由图 5.12 和图 5.13 可以得出以下结论：①从箱子的上下限来看，MWFPA 算法执行一次迭代所需的时间，无论是最大操作时间还是最小操作时间，都小于其他两种算法；②从箱子中的三角形符号来看，MWFPA 算法

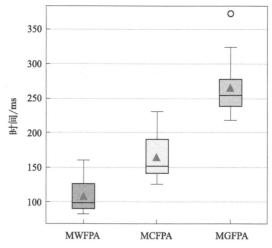

图 5.12　基于 FEM 评价模型执行时间

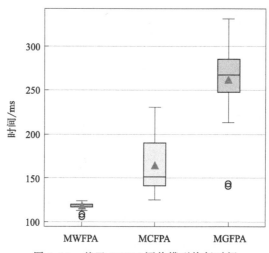

图 5.13　基于 PCEM 评价模型执行时间

的平均执行时间比其他两种算法都要短；③从箱子高度来看，每次迭代时 MWFPA 算法计算时间比其他两种算法更集中，且没有明显的波动。因此，该算法的效率优于其他两种算法。

(4) 参数影响

对于 MWFPA 算法而言，参数 $MWspan$ 可能会影响最终结果。在本节中，为分析 $MWspan$ 对优化的影响，设置不同的 $MWspan$ 值进行优化。在测试过程中，每进行 20 次迭代，记录一次当前种群的最优组合适应度值，每一组比较实验都是基于相同的种群。对于每组实验，分别设置参数 $MWspan$ 为

0.5、0.3、0.2 和 0.1，并记录最佳适应度值。

① 基于 FEM 评价模型。FEM 评价模型的权重分别为 $\alpha_1=0.3$，$\alpha_2=0.4$，$\alpha_3=0.3$。基于 FEM 评价模型的不同参数的进化轨迹如图 5.14 所示，部分最佳适应度值记录如表 5.5 所示。

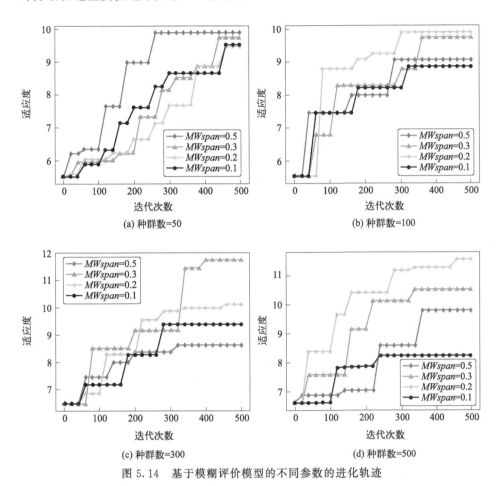

图 5.14 基于模糊评价模型的不同参数的进化轨迹

表 5.5 基于 FEM 评价模型不同参数的部分最佳适应度

种群数	MWspan	迭代次数					
		0	100	200	300	400	500
50	0.5	5.5264	6.3453	8.9843	9.8745	9.8745	9.8745
	0.3	5.5264	5.9734	6.2315	8.1433	8.8754	9.7465
	0.2	5.5264	6.0365	6.6473	7.6884	8.8647	9.4724
	0.1	5.5264	5.8943	7.6323	8.6535	8.6535	9.5134

续表

种群数	MWspan	迭代次数					
		0	100	200	300	400	500
100	0.5	5.5133	7.4201	7.9603	9.0374	9.0374	9.0374
	0.3	5.5133	6.7648	8.2512	8.7619	9.7252	9.7252
	0.2	5.5133	8.7619	9.0538	9.8712	9.8712	9.8712
	0.1	5.5133	7.4203	8.1825	8.1825	8.8406	8.8406
300	0.5	6.4657	7.4521	8.3547	8.3547	8.6114	8.6114
	0.3	6.4657	8.5011	9.1511	9.1511	11.7387	11.7387
	0.2	6.4657	6.8352	8.2724	9.8768	9.9724	10.1132
	0.1	6.4657	7.1611	8.2596	9.3832	9.3832	9.3832
500	0.5	6.6069	6.8679	7.0257	8.5851	9.7869	9.7869
	0.3	6.6069	7.5794	9.1412	10.1107	10.5042	10.5042
	0.2	6.6069	8.3763	10.3859	11.1614	11.2537	11.5321
	0.1	6.6069	6.6069	7.85371	8.2419	8.2419	8.2419

② 基于 PCEM 评价模型。基于 PCEM 评价模型的不同参数的进化轨迹如图 5.15 所示，部分最佳适应度值记录如表 5.6 所示。

从以上两组对比实验的进化轨迹可以看出，当参数设置为 0.1 时，优化效率最差。原因是窗口范围太小，窗口中最佳组合方案的影响不足以达到优化整体效果。当参数值为 0.5 时，优化效果不稳定，即当参数值大于等于 0.5 时，窗口范围内的适应度最高的组合影响显著，可能导致早熟收敛现象。当参数值为 0.2 或 0.3 时，优化效果比较理想。究其原因，是多个优秀服务组合共同影响的结果，不易造成提前收敛。

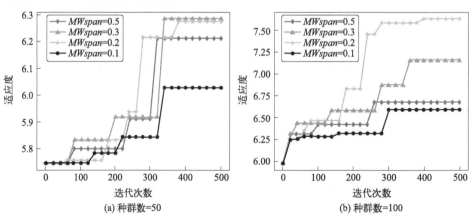

(a) 种群数=50   (b) 种群数=100

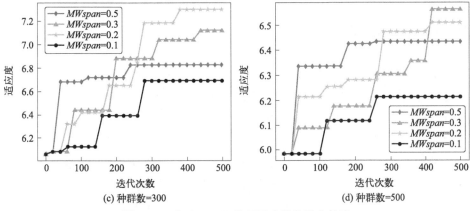

图 5.15　基于 PCEM 的不同参数的进化轨迹

表 5.6　基于 PCEM 评价模型不同参数的部分最佳适应度

种群数	MWspan	迭代次数					
		0	100	200	300	400	500
50	0.5	5.7464	5.8002	5.8002	5.9124	6.2124	6.2124
	0.3	5.7464	5.8323	5.9186	5.9186	6.2839	6.2839
	0.2	5.7464	5.7563	5.8323	6.2131	6.2721	6.2721
	0.1	5.7464	5.7464	5.7839	5.8452	6.0268	6.0268
100	0.5	5.9748	6.4209	6.4209	6.6773	6.6773	6.6773
	0.3	5.9748	6.4358	6.5832	6.8762	7.1635	7.1635
	0.2	5.9748	6.4641	6.8288	7.5831	7.6294	7.6294
	0.1	5.9748	6.2873	6.3113	6.5922	6.5922	6.5922
300	0.5	6.0631	6.6822	6.7154	6.8266	6.8266	6.8266
	0.3	6.0631	6.4383	6.8803	6.8803	7.0429	7.1224
	0.2	6.0631	6.4154	6.6498	7.1848	7.2982	7.2982
	0.1	6.0631	6.1242	6.3904	6.6887	6.6887	6.6887
500	0.5	5.9845	6.3327	6.4225	6.4312	6.4312	6.4312
	0.3	5.9845	6.0874	6.1734	6.3033	6.3556	6.5609
	0.2	5.9845	6.2117	6.2767	6.4712	6.4712	6.5082
	0.1	5.9845	5.9845	6.1149	6.2108	6.2108	6.2108

5.5　本章小结

本章主要研究了资源优化配置中服务组合的优化方法，即获取 T 型云制造模式优质横向服务的关键方法。结合 T 型云制造模式环境下服务组合特征及其在优化过程中导致的问题，提出了 MWFPA 算法。MWFPA 算法从三个角度改进 FPA 算法实现服务组合优化从而获取优质横向服务：使用链式列表表示种群来实现种群的线性遍历及多属性优化；结合移动窗口的异花授粉加强局部优秀基因影响力；改进自花授粉增加种群优秀基因多样性。最后，结合第 4 章所提出的 FEM 评价模型与 PCEM 评价模型对该方法进行了分析，验证了 MWFPA 算法用于资源优化配置流程中组合优化的可行性。

第 6 章
资源优化配置云平台开发

本章基于前面的研究成果,以中小铸造企业为背景,以铸造工业园为例,设计并开发了资源优化配置云平台,称之为"中小铸造企业协同平台"。该平台通过中小铸造企业的资源与任务发布、资源到服务映射、服务组合评价与组合优化,实现了T型云制造模式下铸造资源的优化配置,促进了中小铸造企业的协同共赢。

6.1 中小铸造企业协同制造背景

铸造作为现代装备制造工业的基础之一,是整个制造业的重要支撑。铸造用于制作大型复杂工件以及能承受静载荷与压应力的机械零件,为装备制造业提供毛坯铸件,如床身、支架、管道、箱体等。"十三五"期间我国铸造企业超过2万家,存在企业平均规模偏小、企业发展水平严重失衡、协同技术创新不明显等问题。《铸造行业"十四五"发展规划》中提到,促进中小铸造企业向专、精、特、新转型,实现企业智能化、提升生产效率、降低综合运营成本,将是未来五年的发展方向。

目前,中小铸造企业存在铸件品质低、技术装备落后、产品技术含量低、附加价值低等问题。T型云制造模式以"分散资源横向管理,横向服务纵向协同"为指导思想,通过整合分散的中小铸造企业,集成管理大量铸造设备,将原来各铸造企业所追求的"大而全"的运行模式转向更加适用于中小企业现状的"小而精、轻而专"运行模式,根据企业资源特色形成纵向服务,在云中形成集聚的铸造资源,并根据铸造任务协调各个铸造企业,形成具有综合服务能力的横向服务。也就是说,T型云制造模式可以帮助中小铸造企业以协同的方式,共享技术与资源,从而均衡企业发展水平,实现共同创新,提升企业效益,促进中小铸造企业的智能化转型。

T型云制造模式应用于铸造行业具有横向服务与纵向服务两方面的服务优势。

(1) 纵向服务优势

T型云制造模式集成了具体领域的技术和资源,它为各个企业提供开放接口。各个企业的纵向服务不仅体现了铸造企业涉及的领域特性,也体现了同类资源之间的差异性,有助于实现同质企业异质化。纵向服务优势具有差异性与可扩展性两个特性。

① 差异性。随着铸造企业的不断增加,铸造资源数量的不断增长,相同铸造设备涉及不同铸造领域;随着功能属性的区别,其特征和优先级具有差异。所以说纵向服务是同质企业异质化的体现。

② 可扩展性。与横向服务所强调的基础特性侧重点有所不同,纵向服务所涉及的铸造资源类型、属性等可以不断地扩展,便于各铸造企业不断扩展所持有的资源类型,完善持有资源的服务特性。

(2) 横向服务优势

T型云制造模式的横向服务以提供综合服务能力为目标。横向服务通过集中性与协同性两方面特征,实现"分散资源横向管理,横向服务纵向协同"。

① 集中性。云端可汇集大量的铸造企业及资源,根据企业垂直特色不同,对应平台可满足集中管理制造资源,从而为各企业从横向角度对资源进行管理。

② 协同性。对于复杂的铸造任务而言,平台具有大规模任务的综合服务能力,即根据需求针对性推荐协同配置,实现集中管理的资源根据需求分散服务。

一个完整的铸造流程不仅包括纵向维度的铁水浇灌动作,还包括铸造产业横向维度涉及的上中下游企业链条型协同工作。铸造工业园从地理位置或行业相关性角度集成了铸造行业所涉及的上中下游多维企业,如原料企业、铸造生产企业、机加工企业及表面处理企业。这种多维企业模式可以通过合作帮助中小规模的铸造企业以较低成本推介铸造产品,形成铸造工业园的集聚式发展效应。同时,随着互联网技术的发展,铸造工业园并不仅限制于规定地域内的企业与设备,而是可以将铸造相关企业与资源统一集成,形成网络型合作关系。所以铸造工业园可以作为中小铸造企业集群代表。

本章以铸造工业园为例,基于T型云制造模式,开发中小铸造企业协同平台。该平台以实现企业协同和为用户提供综合铸造服务为目的,通过铸造资源的优化配置,整合分散资源,实现企业协同,促进中小铸造企业的智能化转型。

6.2 中小铸造企业协同平台的设计

6.2.1 企业结构模型

铸造工业园作为中小铸造企业集群的代表，覆盖了铸造流程所涉及的上中下游企业，包括原材料企业、铸造生产企业，以及后续机加工及表面处理等工作所涉及的企业。图6.1所示为以铸造工业园为例构建的企业结构模型，主要包括原料库、铸造生产企业、机加工企业和表面处理企业。

(1) 原料库

原料库是铸造工业园内的原料配备企业，根据所处的铸造流程划分为铸造材料、机加材料和涂装材料三类企业。铸造材料根据材料用途不同划分为主料与辅料两类；机加材料根据材料性质划分为金属材料与非金属材料；涂装材料按照材料性质划分为油漆与金属两类。

(2) 铸造生产企业

由于铸造材料不同，企业铸造生产过程不同。铸造生产企业按照可铸材料进行划分，可分为铸铁件、铸钢件、有色金属铸件等铸造企业。进一步地，根据可铸材料特性进行铸造企业类型细分，如铸铁件企业根据材料成分可细分为灰铸铁件、球墨铸铁件等铸造企业；铸钢件企业根据钢性能细分为普通钢铸造企业和特殊性能钢铸造企业；有色金属铸件企业根据有色金属成分不同细分为铜合金铸件企业、镁合金铸件企业和铝合金铸件企业。

(3) 机加工企业

机加工企业是铸造生产工作完成后进行后续加工（如钣金、锻造等）的企业。可以根据对设备需求的不同划分为普通机床企业、专用机床企业与数控机床企业3类。普通机床企业可根据加工方式的不同进行细分，如车床企业、铣床企业、钻床企业；专用机床企业可根据特定零件或特定工序加工进行细分，如龙门铣&镗铣床企业、特种加工设备企业；数控机床企业按照工艺用途进行企业细分，如数控车床企业、加工中心企业。

(4) 表面处理企业

铸件的表面处理企业根据处理材质不同，划分为电镀与涂装两类企业。电镀使用金属涂层进行表面处理，如镀锌、镀银、镀锡。涂装是使用油漆进行表面处理，包括空气喷涂、电泳喷涂和涂抹。

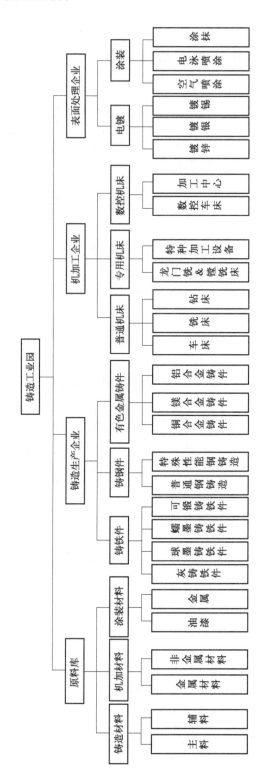

图 6.1 企业结构模型

6.2.2 平台功能设计

随访问目的不同，企业可划分为服务需求企业与服务提供企业两个角色。服务需求企业主要发布铸造任务，服务提供企业发布持有的铸造相关资源。同一企业用户可随需求不同在这两个角色之间转换。

本书所建立的平台根据第2章所设计的T型云制造模式层次结构图(图2.3)架构设计了核心功能，其功能结构如图6.2所示，由企业管理、铸造资源、铸造任务、协同服务四大模块组成，整个云平台运行过程如图6.3所示。

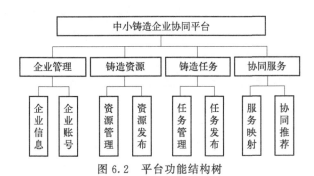

图 6.2 平台功能结构树

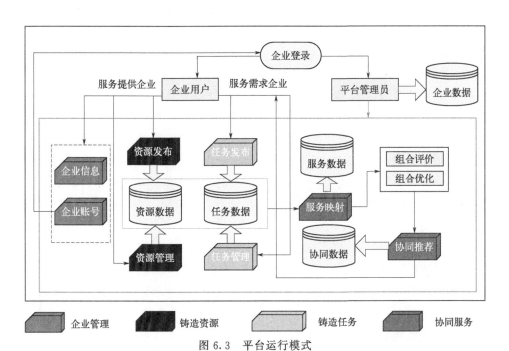

图 6.3 平台运行模式

① 企业管理。企业管理模块主要分为两个功能模块，即企业信息与企业

账号。企业信息用于展示企业相关信息并可进行修改，企业账号功能用于管理企业用户的登录账号。

② 铸造资源。铸造资源模块主要包括两个功能模块，即资源管理与资源发布。资源管理是平台管理员与企业管理员对企业进行资源的管理，资源发布是针对服务提供企业实现资源的发布。

③ 铸造任务。铸造任务模块主要包括任务管理与任务发布两个功能模块。任务发布是针对服务需求企业实现任务的发布，任务管理是平台管理员与企业管理员对任务进行管理。

④ 协同服务。协同服务模块面向服务需求企业，是平台的主要功能，主要包括服务映射与协同推荐两个功能模块。服务映射是根据任务将相关资源映射为服务，形成服务集。协同推荐是通过组合评价算法与优化算法，通过资源优化配置，实现企业协同。

6.2.3 实现技术

中小铸造企业协同平台开发使用 Java 语言。Java 是一种面向对象的编程语言，具有四大特征：封装、继承、多态、抽象。Java 语言具有开源及跨平台的特性，可实现"一次编写，到处运行"（write once, run anywhere），因此采用 Java 语言编写的程序具有很好的可移植性。Java 语言具有丰富的互联网协议，如 URL、URLConnection、Socket 与 RIM 等，支持 Internet 应用的开发，同时也是分布式应用开发的重要手段。

平台架构开发主要基于 Spring。Spring 是基于 MVC 特性（M：model，V：version，C：control）的、Java EE 编程领域的一个轻量级开源框架。它集成各种类型的工具，通过核心的 Bean factory 实现各种功能的管理，包括动态加载和切面编程，从而实现了底层类的实例化和生命周期的管理，目的是针对企业编程开发中的复杂性，实现敏捷开发的应用型框架。根据平台的功能结构设计，其技术框架如图 6.4 所示，主要包括三个模块：表示模块、控制模块和数据模块。

(1) 表示模块

表示模块，即面向用户的前端页面，使用 VUE 实现。VUE 是一套构建用户界面的渐进式框架，可用于解析 HTML，目的是尽可能简单地实现数据绑定和组合视图组件。

(2) 控制模块

控制模块是实现平台内部逻辑编程构建的核心代码部分。其主要包括三个部分：核心架构层、权限控制层、数据持久层。核心架构层是实现平台 MVC

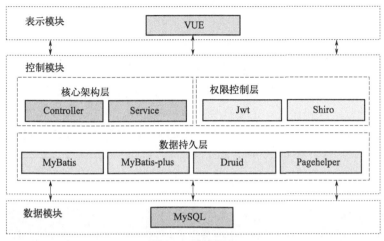

图 6.4　技术框架

框架的主体部分，主要使用 SpringBoot 进行搭建和开发。其中，逻辑设计使用 Service 模块实现，业务流程使用 Controller 模块具体实现，二者相互调用控制业务流程，业务的实现需要调用数据持久层。权限控制层是决定用户访问与认证的权限。其主要包括 Jwt 与 Shiro。Jwt 是目前最流行的跨域的认证解决方案；Shiro 是安全框架，主要用于验证身份、用户授权、管理密码和会话。数据持久层封装了一些数据库联络的任务，使用的主要模型有 MyBatis，MyBatis-plus，Druid 与 Pagehelper。MyBatis 是持久层框架，它使用 SQL 语句耦合。MyBatis-plus 是基于 MyBatis 扩展的开源工具包，对 MyBatis 进行了封装。

(3) 数据模块

数据模块用于存放服务层与资源层的数据，使用 MySQL 实现。MySQL 具有体积小、速度快、成本低等优点，可以支持多种操作系统，是开源数据库，提供的接口支持多种语言连接操作。MySQL 的核心程序采用完全的多线程编程，可以灵活地为用户提供服务，而不过多占用系统资源。

6.3　中小铸造企业协同平台的实现

6.3.1　平台功能介绍

中小铸造企业协同平台置于网络端的服务器中，用于实现云端方位。服务器配置为：CentOS 操作系统，4 核 CPU，8GB 内存，云硬盘为 500GB。如上述功能设计所述，主要包括4个主体功能。

(1) 企业管理

进入云平台的登录页面，如图6.5所示，输入用户名和密码，经过身份认证后登录平台。企业管理主要包括企业信息与企业账号。"企业信息"页面展示了企业相关信息，具体如图6.6所示，单击"点击修改"按钮可以对当前企业的信息进行修改和保存。企业账号页面具体如图6.7所示，可以针对当前企业的登录账号进行管理，包括新增、密码修改、删除、冻结、权限设置等操作。

图6.5 平台登录页面

图6.6 企业信息管理

第 6 章 资源优化配置云平台开发

图 6.7 企业账号管理

(2) 铸造资源

资源管理页面是对该企业发布的所有资源进行管理，资源信息以列表形式展示，具体如图 6.8 所示。单击"查询"可以实现根据名称、类型、状态对资源进行查询，单击"查看"按钮可以展示资源详细信息，单击"编辑"按钮可以对资源信息进行修改，单击"删除"按钮可以删除当前资源。

图 6.8 铸造资源管理

当企业为服务提供方时，可以将持有资源进行发布。资源发布页面具体如图 6.9 所示。资源发布根据铸造行业需求分为材料、铸造生产资源、机加工资

109

源和表面处理资源四大类。选定发布的资源类型后，根据资源类型的不同，输入相关功能参数、质量参数、费用、历史等级等信息，完成资源的发布。

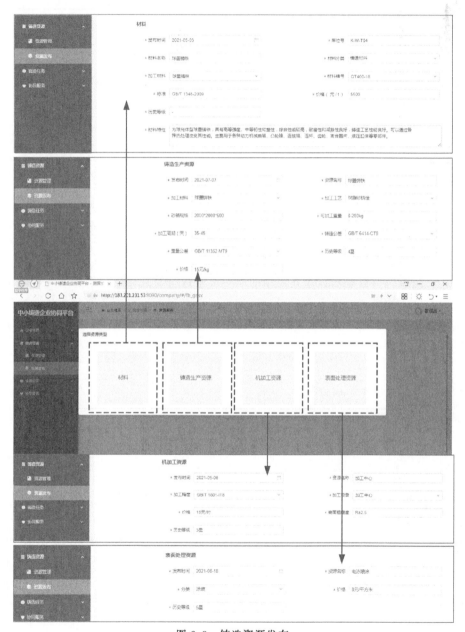

图 6.9 铸造资源发布

(3) 铸造任务

任务管理是对该企业发布的所有任务进行管理，任务信息以列表形式展示，具体如图 6.10 所示。单击"查询"可以实现根据任务名称、任务状态对任务进行查询；单击"查看"按钮任务的详细信息将予以展示；单击"编辑"按钮可对任务进行修改；单击"删除"按钮可以删除所选择的任务；单击"流程图设置"按钮可以对该任务中的工序重新设置工序流程。

图 6.10　铸造任务管理

任务发布页面具体如图 6.11 所示。在页面中填写任务关键信息，如任务名称、所需要的铸件数量、交货时间等，通过"附件"上传零件图，并在"任务描述"输入框中输入需要补充的任务信息。单击"保存"后，出现"新增工

图 6.11　任务发布页面

序"按钮。"新增工序"按钮是子任务添加按钮，即将子任务以工序形式逐步添加。工序类型主要包括"材料选择""铸造生产""机加工"及"表面处理"四类。每添加一步工序，任务信息后面的列表则会出现相应的工序信息。工序添加完成后，通过"流程图设置"按钮，为工序设置流程，建立工序之间的关系，完成任务发布。

（4）协同服务

服务映射是实现铸造资源优化配置的关键一环，是将各铸造企业发布的铸造资源根据工序形成服务集的手段。如图6.12所示，根据铸造任务中的工序，为每个工序映射一组满足需求的服务集。单击每个工序后的"查看详情"按钮，可以看到工序所对应的服务集。

图 6.12 服务映射

协同推荐是根据铸造任务查看推荐方案。如图6.13所示，单击每个推荐方案所涉及的服务后的"查看任务"与"查看资源"可以查看工序与资源的详细信息。

6.3.2 案例示范说明

（1）铸造案例

现有一车桥部件，产品编号为ASD20043，需求量为300件/月，材质为球墨铸铁，采用树脂砂铸造方法进行毛坯生产，铸造毛坯件如图6.14所示，具体技术要求在表6.1给出，零件图如图6.15所示。加工后成品件如图6.16所示，图中对部位进行了说明。

第6章 资源优化配置云平台开发

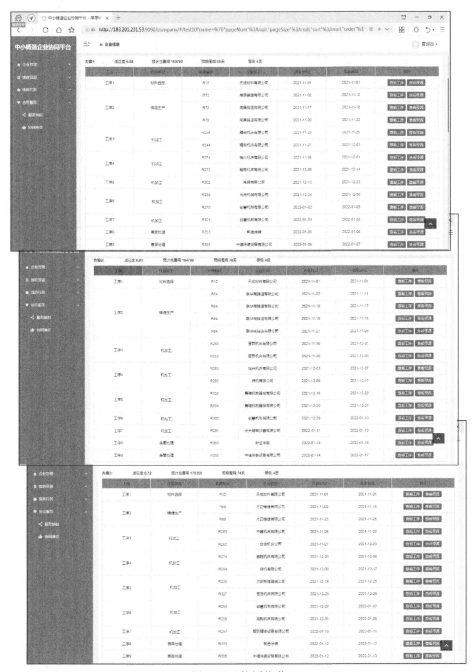

图 6.13 协同推荐

图 6.14 车桥部件的毛坯样式

表 6.1 铸造技术要求表

铸造示意图		材料牌号	外部尺寸	质量
	铸造	QT450-10	$\phi 261mm \times 284mm$	20kg
		铸造公差	质量公差	备注
		CT9	MT9	不得有砂眼、缩孔、疏松等铸造缺陷
机加工示意图	机加工	加工精度	表面粗糙度	
		IT7	$Ra12.5、Ra6.3、Ra3.2、Ra1.6$	
	表面处理	(1)非加工面空气喷涂防锈漆 (2)加工面涂抹防锈油		

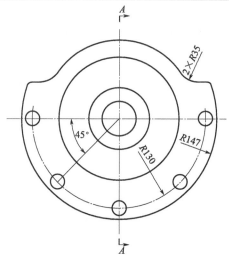

114

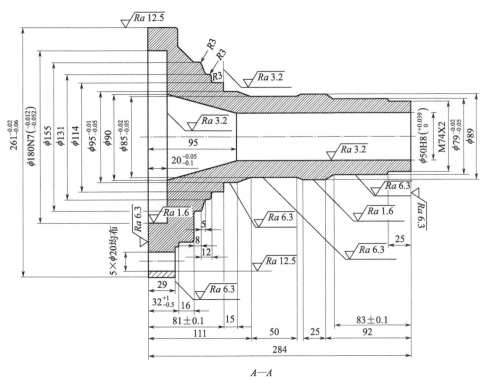

图 6.15 车桥部件零件图

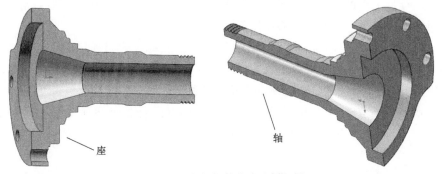

图 6.16 车桥部件的成品剖面图

铸造任务按照所涉及的不同企业,可按照材料选择、铸造生产、机加工、表面处理 4 个任务类型,拆分为 9 个工序,每个工序由不同设备顺序完成。

工序 1:材料选择。选择牌号为 QT450-10 的球墨铸铁进行熔炼,用于浇铸。

工序 2:铸造生产。选择可用于生产球墨铸件的服务,通过铸造工艺设计、模具的设计与生产、造型、浇铸、缓冷、抛丸、打磨等，生产毛坯件。此处的工艺要求为：铸件尺寸 $\phi 261mm \times 284mm$，质量 20kg，铸件公差 CT9，质量公差 MT9。

工序 3：车床粗加工。粗车轴外圆→粗车轴内圆→粗车轴端面。

工序 4：车床粗加工。粗车座外圆→粗车座内圆→粗车座端面。

工序 5：数控车床精加工。精车轴外圆→精车轴端面→精车轴内圆→精车 $M74 \times 2$ 外螺纹，要求加工精度达到 IT7。加工结束后，轴外圆粗糙度要求为 $Ra6.3$ 与 $Ra1.6$，端面的粗糙度要求为 $Ra6.3$，内圆的粗糙度要求为 $Ra3.2$，具体要求见零件图 6.15。

工序 6：数控车床精加工。精车座外圆→精车座端面→精车座内圆。要求加工精度达到 IT7。加工结束后，座外圆粗糙度要求为 $Ra12.5$，$Ra3.2$，座端面的粗糙度要求为 $Ra6.3$，$Ra3.2$，座内圆粗糙度要求为 $Ra1.6$，具体要求见零件图 6.15。

工序 7：加工中心精加工。对座钻孔（$5 \times \phi 20$），要求加工精度达到 IT7，孔的粗糙度达到 $Ra12.5$。

工序 8：表面处理。对非加工面喷涂防锈漆。

工序 9：表面处理。加工面涂防锈油。

(2) 资源优化配置实现

零件产品 ASD20043 的 9 个工序发布如图 6.17 所示，从材料选择到表面处理，每个工序都指定了具体部位与加工方式。在发布完每个工序后，指定工序间的流程关系，从而完成铸造任务的发布。

在服务映射部分，每个工序都可以产生一个对应的服务集。以工序 2 为例，选择球墨铸铁树脂砂铸造服务并满足相应需求的类作为候选服务集。这里使用 Dt-means 算法进行聚类划分，并选择满足可加工质量范围包含 20kg，铸造公差等级高于 CT9，质量公差等级高于 MT9 的资源类作为服务集，如图 6.18 所示。这个服务集中的所有服务都可以作为工序 2 的候选服务。图 6.18 中展示了候选服务所在的企业编码、企业名称、资源编码、资源名称、价格、历史等级、发布时间等相关信息。

协同推荐部分是通过组合评价模型与进化算法所实现。零件产品 ASD20043 的铸造组合推荐方案如图 6.13 所示，在图中，每个方案的适应度、预计总费用、预计周期及等级信息都予以展示。在服务评价过程中，使用 4.3.1 节所提出的 FEM 评价模型计算纵向服务优势度。通过将砂箱规格、可加工质量（kg）、加工周期（天）、铸造公差、质量公差等属性作为 FoS 评价因素，计算其功能优势度；通过历史等级，计算其服务质量优势度；最终结合

第 6 章　资源优化配置云平台开发

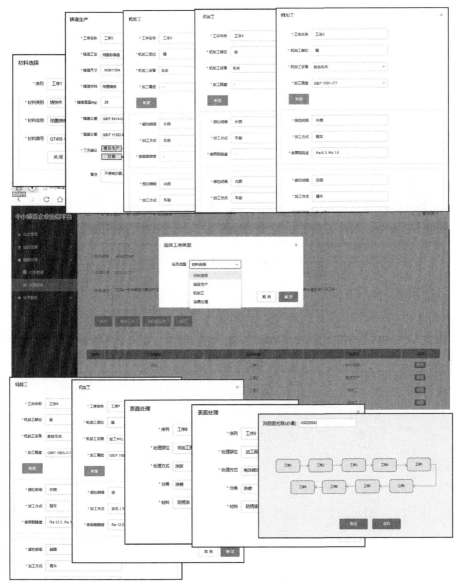

图 6.17　子任务发布图

服务价格,完成纵向服务优势度的评价,体现了企业间链条型合作关系的优劣。在机加工工序所涉及的所有服务,使用 4.3.2 节所提出的 PCEM 评价模型进行横向服务优势度的评价,即选择服务的表面粗糙度、加工精度等属性序列与工序参数序列相比,计算序列之间的相似性从而完成评价,体现了机加工企业间网络型合作关系的优劣。图 6.13 中的服务组合的适应度为纵向服务优势度与横向服务优势度的均值。

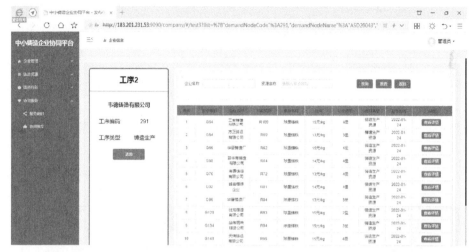

图 6.18 映射结果

协同推荐最终方案的产生是使用 5.3 节提出的 MWFPA 算法，根据工序在服务集中选择相应的服务，生成服务组合种群，对服务组合不断优化更新，最终选择适应度最高的前三个方案进行展示，根据推荐方案形成的甘特图如图 6.19 所示。

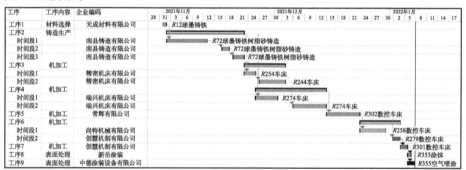

(a) 方案1执行甘特图

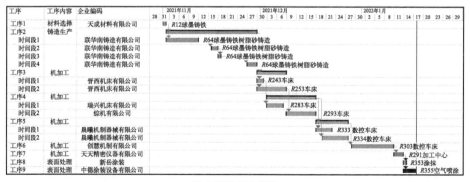

(b) 方案2执行甘特图

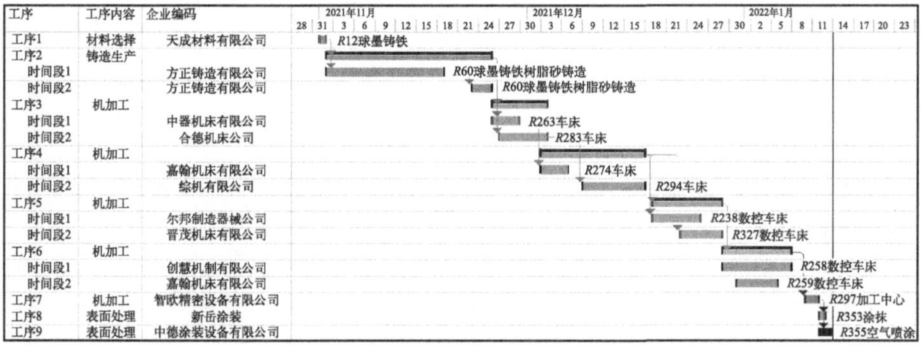

(c) 方案3执行甘特图

图 6.19　推荐方案的甘特图

6.4　本章小结

本章在前面几章理论研究的基础上，从中小铸造企业现状出发，以铸造工业园作为中小铸造企业集群代表，设计并开发基于 T 型云制造模式的中小铸造企业协同平台。通过搭建企业结构模型，设计平台功能，介绍实现技术，将前几章的研究理论融合到平台中，实现了中小铸造企业的资源优化配置。应用结果表明，提出的基于 T 型云制造模式的资源优化配置方法促进了中小铸造企业协同，助推了中小铸造企业向智能制造的发展。

参 考 文 献

[1] 新望. 中国制造前沿大讲堂 [M]. 北京：红旗出版社，2019.

[2] 谢康，肖静华，周先波，等. 中国工业化与信息化融合质量：理论与实证 [J]. 中国信息化，2017，04：71-83.

[3] 臧冀原，王柏村，孟柳，等. 智能制造的三个基本范式：从数字化制造，"互联网＋"制造到新一代智能制造 [J]. 中国工程科学，2018，20（4）：13-18.

[4] Prashar A. Towards sustainable development in industrial small and medium-sized enterprises：An energy sustainability approach [J]. Journal of Cleaner Production，2019，235：977-996.

[5] 李伯虎，张霖，王时龙，等. 云制造——面向服务的网络化制造新模式 [J]. 计算机集成制造系统，2020，16（1）：1-7，16.

[6] 李伯虎，张霖，任磊，等. 云制造典型特征、关键技术与应用 [J]. 计算机集成制造系统，2012，18（7）：1345-1356.

[7] Shi W，Cao J，Zhang Q，et al. Edge computing：Vision and challenges [J]. IEEE Internet of Things Journal，2016，3（5）：637-646.

[8] Zhao Y，Zhu L. Service-evaluation-based resource selection for cloud manufacturing [J]. Concurrent Engineering，2016，24（4）：307-317.

[9] Buckholtz B，Ragai I，Wang L. Cloud manufacturing：Current trends and future implementations [J]. Journal of Manufacturing Science and Engineering，2015，137（4）：1-46.

[10] He W，Xu L. A state-of-the-art survey of cloud manufacturing [J]. International Journal of Computer Integrated Manufacturing，2015，28（3）：239-250.

[11] Qi Q，Tao F. A smart manufacturing service system based on edge computing，fog computing and cloud computing [J]. IEEE Access，2019，7：86769-86777.

[12] Amin J，Elankovan S，Othmana Z. Cloud computing service composition：A systematic literature review [J]. Expert systems with applications，2014，41（8）：3809-3824.

[13] 林廷宇，杨晨，谷牧，等. 面向航天复杂产品的云制造应用技术 [J]. 计算机集成制造系统，2016，22（4）：884-898.

[14] Wang X，Wang L，Mohammed A，et al. Ubiquitous manufacturing system based on cloud：A robotics application [J]. Robotics and Computer-Integrated Manufacturing，2017，45：116-125.

[15] Yang C，Lan S，Shen W，et al. Towards product customization and personalization in IoT-enabled cloud manufacturing [J]. Cluster Computing，2017，20（2）：1717-1730.

[16] 李雪，李芳. 云环境下大规模定制中资源配置研究 [J]. 工业工程，2021，24（1）：147-154.

[17] Lin T，Yang C，Zhuang C，et al. Multi-centric management and optimized allocation of manufacturing resource and capability in cloud manufacturing system [J]. Proceedings of the Institution of Mechanical Engineers，Part B：Journal of Engineering Manufacture，2017，231（12）：2159-2172.

[18] Aameri B，Cheong H，Beck J C. Towards an ontology for generative design of mechanical assemblies [J]. Applied Ontology，2019，14（2）：127-153.

[19] Engel G，Greiner T，Seifert S. Ontology-assisted engineering of cyber-physical production systems in the field of process technology [J]. IEEE Transactions on Industrial Informatics，2018，14

(6): 2792-2802.

[20] Karray M H, Ameri F, Hodkiewicz M, et al. Romain: Towards a BFO compliant reference ontology for industrial maintenance [J]. Applied Ontology, 2019, 14 (2): 155-177.

[21] Cheng H, Zeng P, Xue L, et al. Manufacturing ontology development based on industry 4.0 demonstration production line [C]. 2016 Third International Conference on Trustworthy Systems and their Applications (TSA). Wuhan, China: IEEE, 2016: 42-47.

[22] Otte J N, Kiritsi D, Ali M M, et al. An ontological approach to representing the product life cycle [J]. Applied Ontology, 2019, 14 (2): 179-197.

[23] Ryabinin K, Chuprina S. Ontology-driven edge computing [C]. Computational Science-ICCS 2020. Springer, Cham: Springer International Publishing, 2020: 312-325.

[24] Gupta H, Dastjerdi A V, Ghosh S K, et al. iFogSim: A toolkit for modeling and simulation of resource management techniques in the Internet of Things, Edge and Fog computing environments [J]. Software: Practice and Experience, 2016, 47 (9): 1275-1296.

[25] 郑杰, 曹华军, 李洪丞, 等. 基于云平台的制造资源智能匹配方法研究及应用 [J]. 计算机集成制造系统, 2021, 27 (03): 1-18.

[26] Yuan M, Sun C, Cai X, et al. Semantic matching of cloud resource service for user product design requirement [J]. Journal of Advanced Mechanical Design, Systems, and Manufacturing, 2019, 13 (4): 1-20.

[27] 王有远, 钱伟伟, 张振华. 云制造环境下设备资源与加工任务匹配研究 [J]. 武汉大学学报（工学版）, 2020, 53 (03): 268-276.

[28] 葛胤池, 张辉, 宋文燕, 等. 基于领域本体的科技资源聚类方法研究 [J]. 数据与计算发展前沿, 2020, 2 (05): 13-22.

[29] Li F, Zhang L, Liu Y, et al. A clustering network-based approach to service composition in cloud manufacturing [J]. International Journal of Computer Integrated Manufacturing, 2017, 30 (12): 1331-1342.

[30] Jiang C, Wan J, Abbas H. An edge computing node deployment method based on improved k-means clustering algorithm for smart manufacturing [J]. IEEE Systems Journal, 2021, 15 (2): 2230-2240.

[31] 贾海利, 张健, 祁宇明, 等. 云制造平台资源需求的高效匹配策略研究 [J]. 现代制造工程, 2020, 4: 36-43.

[32] Pang B, Hao F, Park D S, et al. A multi-criteria multi-cloud service composition in mobile edge computing [J]. Sustainability, 2020, 12 (18): 1-14.

[33] Jian C, Li M, Kuang X. Edge cloud computing service composition based on modified bird swarm optimization in the internet of things [J]. Cluster Computing, 2018, 22: 8079-8087.

[34] 陈友玲, 王龙, 刘舰, 等. 基于i-NSGA-Ⅱ-JG算法的云制造资源服务组合优选 [J]. 计算机集成制造系统, 2019, 25 (11): 2892-2904.

[35] 李永湘, 姚锡凡, 刘敏. 基于可靠性可信性分析的云制造服务组合优化 [J]. 计算机集成制造系统, 2021, 27 (06): 1780-1798.

[36] Yuan M, Zhou Z, Cai X, et al. Service composition model and method in cloud manufacturing [J]. Robotics and Computer-Integrated Manufacturing, 2020, 61: 101840.

[37] 徐林明, 林志炳, 李美娟, 等. 基于模糊Borda法的动态组合评价方法及其应用研究 [J]. 中国

管理科学, 2017, 25 (02): 165-173.

[38] 武理哲. 云制造服务评价理论与方法研究 [D]. 长春: 长春工业大学, 2018.

[39] Zhu M, Fan G, Li J, et al. An approach for QoS-aware service composition with graphplan and fuzzy logic [J]. Procedia Computer Science, 2018, 141: 56-63.

[40] Wang S G, Liu Z P, Sun Q B, et al. Towards an accurate evaluation of quality of cloud service in service-oriented cloud computing [J]. Journal of Intelligent Manufacturing, 2014, 25 (2): 283-291.

[41] Ismaeel A R, Yehia K, Yousif A R. Workflow-net based service composition using mobile edge nodes [J]. IEEE Access, 2017, 5: 23719-23735.

[42] Chen Y, Zhang N, Zhang Y, et al. energy efficient dynamic offloading in mobile edge computing for Internet of things [J]. IEEE Transactions on Cloud Computing, 2019, 3 (9): 1050-1060.

[43] Liang H, Wen X, Liu Y, et al. Logistics-involved QoS-aware service composition in cloud manufacturing with deep reinforcement learning [J]. Robotics and Computer-Integrated Manufacturing, 2021, 67: 101991.

[44] Rodriguez-Mier P, Pedrinaci C, Lama M, et al. An integrated semantic web service discovery and composition framework [J]. IEEE Transactions on Services Computing, 2017, 9 (4): 537-550.

[45] Jula A, Othman Z, Sundararajan E. Imperialist competitive algorithm with proclus classifier for service time optimization in cloud computing service composition [J]. Expert Systems with Applications, 2015, 42 (1): 135-145.

[46] Ni L, Zhang J, Jiang C, et al. Resource allocation strategy in fog computing based on priced timed Petri nets [J]. IEEE Internet of Things Journal, 2017, 4 (5): 1216-1228.

[47] Li Y, Yao X. Cloud manufacturing service composition and formal verification based on extended process calculus [J]. Advances in Mechanical Engineer, 2018, 10 (6): 1-16.

[48] Silva E G D, Pires L F, Sinderen M V. Towards runtime discovery, selection and composition of semantic services [J]. Computer Communications, 2011, 34 (2): 159-168.

[49] Wang S, Zhou A, Yang M, et al. Service composition in cyber-physical-social systems [J]. IEEE Transactions on Emerging Topics in Computing, 2017, 8 (1): 82-91.

[50] Ridhawi Y A, Karmouch A. QoS-based composition of service specific overlay networks [J]. IEEE Transactions on Computers, 2015, 64 (3): 832-846.

[51] Kalasapur S, Kumar M, Shirazi B A. Dynamic service composition in pervasive computing [J]. IEEE Transactions on Parallel & Distributed Systems, 2007, 18 (7): 907-918.

[52] Lee H Y, Wang N J. Cloud-based enterprise resource planning with elastic model-view-controller architecture for Internet realization [J]. Computer Standards & Interfaces, 2019, 64: 11-23.

[53] Asghari S, Navimipour N J. Nature inspired meta-heuristic algorithms for solving the service composition problem in the cloud environments [J]. International Journal of Communication Systems, 2018, 31 (1): e3708.

[54] Hosseinzadeh M, Tho Q T, Ali S, et al. A hybrid service selection and composition model for cloud-edge computing in the Internet of Things [J]. IEEE Access, 2020, 8: 85939-85949.

[55] Liao J, Liu Y, Zhu X, et al. Accurate sub-swarms particle swarm optimization algorithm for service composition [J]. Journal of Systems & Software, 2014, 90: 191-203.

［56］ Zhang W, Yang Y, Zhang S, et al. Correlation-aware manufacturing service composition model using an extended flower pollination algorithm [J]. International Journal of Production Research, 2017, 56 (14): 4676-4691.

［57］ Rodriguez-Mier P, Mucientes M, Lama M. Automatic web service composition with a heuristic-based search algorithm [C]. 2011 IEEE International Conference on Web Services. Washington, DC, USA: IEEE, 2011: 81-88.

［58］ Ghobaei-Arani M, Rahmanian A A, Souri A, et al. A moth-flame optimization algorithm for web service composition in cloud computing: Simulation and verification [J]. Software Practice and Experience, 2018, 48 (10): 1865-1892.

［59］ Joyce T, Herrmann J M. A review of no free lunch theorems, and their implications for metaheuristic optimisation [M]. Cham: Springer International Publishing, 2018.

［60］ Spohrer J, Anderson L C, Pass N J, et al. Service science [J]. Journal of Grid Computing, 2008, 6: 313-324.

［61］ Barile S, Saviano M, Simone C. Service economy, knowledge, and the need for T-shaped innovators [J]. World Wide Web-internet & Web Information Systems, 2015, 18 (4): 1177-1197.

［62］ Saviano M, Barile S, Spohrer J C, et al. A service research contribution to the global challenge of sustainability [J]. Journal of Service Theory and Practice, 2017, 27 (5): 951-976.

［63］ Tao F, Zhang L, Guo H, et al. Typical characteristics of cloud manufacturing and several key issues of cloud service composition [J]. Computer Integrated Manufacturing Systems, 2011, 17 (03): 477-486.

［64］ Mateos C, Zunino A, Campo M. Supporting ontology-based semantic matching of web services in moviLog [C]. IBERAMIA-SBIA 2006. Berlin: Springer, 2006: 390-399.

［65］ Michel K, Atanas K, Damyan O, et al. Finding and characterizing changes in ontologies [C]. Logical Foundations of Computer Science. USA: Springer Berlin Heidelberg, 2002: 79-89.

［66］ 施昭, 曾鹏, 于海斌. 基于本体的制造知识建模方法及其应用 [J]. 计算机集成制造系统, 2018, 24 (11): 2653-2664.

［67］ Sahlmann K, Schwotzer T. Ontology-based virtual IoT devices for edge computing [C]. 2018 Proceeding. USA: Association for Computing Machinery, 2018: 1-7.

［68］ 程臻. 云制造服务平台关键技术研究 [D]. 哈尔滨: 哈尔滨工业大学, 2016.

［69］ Spohrer J, Anderson L C, Pass N J, et al. Service science [J]. Journal of Grid Computing, 2008, 6 (3): 313-324.

［70］ Lee C K M, Huo Y Z, Zhang S Z, et al. Design of a smart manufacturing system with the application of multi-access edge computing and blockchain technology [J]. IEEE Access, 2020, 8: 28659-28667.

［71］ Hasan M, Starly B. Decentralized cloud manufacturing-as-a-service (CMaaS) platform architecture with configurable digital assets [J]. Journal of Manufacturing Systems, 2020, 56 (2): 157-174.

［72］ Helo P, Phuong D, Hao Y. Cloud manufacturing-scheduling as a service for sheet metal manufacturing [J]. Computers & Operations Research, 2019, 110: 208-219.

［73］ Stanke J, Unterberg M, Trauth D, et al. Development of a hybrid DLT cloud architecture for the automated use of finite element simulation as a service for fine blanking [J]. International Journal of Advanced Manufacturing Technology, 2020, 108: 3717-3724.

[74] Tao F, Zhang Y, Cheng Y, et al. Digital twin and blockchain enhanced smart manufacturing service collaboration and management [EB/OL]. ELSEVIER, https: //www. sciencedirect. com/science/article/pii/S0278612520301953. 2020-12-01.

[75] Swink M, Nair A. Capturing the competitive advantages of AMT: Design-manufacturing integration as a complementary asset [J]. Journal of Operations Management, 2007, 25 (3): 736-754.

[76] 章永来, 周耀鉴. 聚类算法综述 [J]. 计算机应用, 2019, 39 (7): 1869-1882.

[77] Mehmood R, Zhang G, Bie R, et al. Clustering by fast search and find of density peaks via heat diffusion [J]. Neurocomputing, 2016, 208: 210-217.

[78] Alarifi A. Alwadain A. Maximum-expectation integrated agglomerative nesting data mining model for cultural datasets [J]. Personal and Ubiquitous Computing, 2020, 24 (1): 45-55.

[79] Chen Y, Billard L. A study of divisive clustering with Hausdorff distances for interval data [J]. Pattern Recognition, 2019, 96: 106969.

[80] Zhang M. Use density-based spatial clustering of applications with noise (DBSCAN) algorithm to identify galaxy cluster members [C]. Conference Series: Earth and Environmental Science. Britain: IOP Publishing, 2018: 042033.

[81] Bureva V, Sotirova E, Popov S, et al. Generalized net of cluster analysis process using sting: A statistical information grid approach to spatial data mining [C]. Flexible Query Answering Systems London, United Kingdom: Springer, Cham, 2017: 239-248.

[82] He X, Cai D, Shao Y, et al. Laplacian regularized gaussian mixture model for data clustering [J]. IEEE Transactions on Knowledge and Data Engineering, 2010, 23 (9): 1406-1418.

[83] Peng S, Wang H, Yu Q. Multi-clusters adaptive brain storm optimization algorithm for QoS-aware service composition [J]. IEEE Access, 2020, 8: 48822-48835.

[84] Xie N, Tan W, Zheng X, et al. An efficient two-phase approach for reliable collaboration-aware service composition in cloud manufacturing [J]. Journal of Industrial Information Integration, 2021, 23: 100211.

[85] Likas A, Vlassis N, Verbeek J J. The global k-means clustering algorithm [J]. Pattern Recognition, 2003, 36 (2): 451-461.

[86] Wang S, Li Q, Zhao C, et al. Extreme clustering-A clustering method via density extreme points [J]. Information Sciences, 2021, 542: 24-39.

[87] He Y, Wu Y, Qin H, et al. Improved I-nice clustering algorithm based on density peaks mechanism [J]. Information Sciences, 2021, 548: 177-190.

[88] Hou J, Zhang A, Qi N. Density peak clustering based on relative density relationship [J]. Pattern Recognition, 2020, 108: 107554.

[89] Fan L, Špirková J, Mesiar R, et al. Multi-criteria fuzzy comprehensive evaluation in interval environment with dual preferences [J]. Journal of Intelligent & Fuzzy Systems, 2020, 39: 1361-1369.

[90] Ebrahimnejad A, Tabatabaei S, Santos-Arteaga F J. A novel lexicographic optimization method for solving shortest path problems with interval-valued triangular fuzzy arc weights [J]. Journal of Intelligent & Fuzzy Systems, 2020, 39: 1277-1287.

参考文献

[91] Zadeh L A. Fuzzy sets [J]. Information and Control, 1965, 8 (3): 338-353.

[92] Laarhoven P M J V, Pedrycz W. A fuzzy extension of Saaty's priority theory [J]. Fuzzy Sets & Systems, 1983, 11 (13): 199-227.

[93] Shaw K, Shankar R, Yadav S S, et al. Supplier selection using fuzzy AHP and fuzzy multi-objective linear programming for developing low carbon supply chain [J]. Expert Systems with Applications An International Journal, 2012, 39 (9): 8182-8192.

[94] Xu Y, Wang L, Wang S Y, et al. An effective teaching-learning-based optimization algorithm for the flexible job-shop scheduling problem with fuzzy processing time [J]. Neurocomputing, 2015, 148: 260-268.

[95] Dubois D, Prade H. Operations on fuzzy numbers [J]. Intjsyst, 1978, 9 (6): 613-626.

[96] Wang Y. A fuzzy multi-criteria decision-making model based on simple additive weighting method and relative preference relation [J]. Applied Soft Computing, 2015, 30: 412-420.

[97] Wei G. Grey relational analysis model for dynamic hybrid multiple attribute decision making [J]. Knowledge-Based Systems, 2011, 24 (5): 672-679.

[98] Herrera-Viedma E, Herrera F, Chiclana F, et al. Some issues on consistency of fuzzy preference relations [J]. European Journal of Operational Research, 2004, 154 (1): 98-109.

[99] Huang Y, Jiang W. Extension of TOPSIS method and its application in investment [J]. Arabian Journal for Science and Engineering, 2017, 43: 693-705.

[100] Yoon K, Hwang C L. Multiple attribute decision making [J]. European Journal of Operational Research, 1995, 4 (4): 287-288.

[101] Bing-Yuan J, Qiu-Ping W. Multiple attribute group decision making method based on grey coincidence degree and topsis [M]. China Academic Journal Electronic Publishing House. Beijing. 2010: 117-122.

[102] Feng Y, Zhang Z, Tian G, et al. A novel hybrid fuzzy grey topsis method: Supplier evaluation of a collaborative manufacturing enterprise [J]. Applied Sciences, 2019, 9 (18): 3770.

[103] Xia X, Sun Y, Wu K, et al. Optimization of a straw ring-die briquetting process combined analytic hierarchy process and grey correlation analysis method [J]. Fuel Processing Technology, 2016, 152: 303-309.

[104] Li K, Wang H, Zhang W. Product program selection based on AHP and degree of gray incidence [J]. Packaging Engineering, 2014, 35 (08): 61-65, 81.

[105] Li H J, Zhao Z M, Yu X L. Grey theory applied in non-subsampled contourlet transform [J]. Iet Image Processing, 2012, 6 (3): 264-272.

[106] Tian G D, Zhang H H, Zhou M C, et al. AHP, gray correlation, and topsis combined approach to green performance evaluation of design alternatives [J]. IEEE Transactions on Systems Man Cybernetics-Systems, 2018, 48 (7): 1093-1105.

[107] Zhang S, Lan T, Fang X, et al. Application of grey correlation analysis on tool selection [J]. Advanced Materials Research, 2010, 97: 2485-2488.

[108] Zhang S, Xu S, Zhang W, et al. A hybrid approach combining an extended BBO algorithm with an intuitionistic fuzzy entropy weight method for QoS-aware manufacturing service supply chain optimization [J]. Neurocomputing, 2018, 272: 439-452.

[109] Zhang S, Xu Y, Zhang W, et al. A new fuzzy QoS-aware manufacture service composition method using extended flower pollination algorithm [J]. Journal of Intelligent Manufacturing, 2017, 30: 2069-2083.

[110] Zheng H, Feng Y, Tan J. A fuzzy QoS-aware resource service selection considering design preference in cloud manufacturing system [J]. International Journal of Advanced Manufacturing Technology, 2016, 84: 371-379.

[111] He Y, Xu Z. Multi-attribute decision making methods based on reference idealtheory with probabilistic hesitant information [J]. Expert Systems with Application, 2019, 118: 459-469.

[112] Li T, He T, Wang Z, et al. SDF-GA: A service domain feature-oriented approach for manufacturing cloud service composition [J]. Journal of Intelligent Manufacturing, 2020, 31 (3): 681-702.

[113] Wu Y, Jia G, Cheng Y. Cloud manufacturing service composition and optimal selection with sustainability considerations: a multi-objective integer bi-level multi-follower programming approach [J]. International Journal of Production Research, 2019, 32 (4): 1-19.

[114] Yang Y, Yang B, Wang S, et al. An enhanced multi-objective grey wolf optimizer for service composition in cloud manufacturing [J]. Applied Soft Computing, 2020, 87: 106003.

[115] 苏凯凯. 云制造环境下的制造资源优化配置方法研究 [D]. 北京: 北京交通大学, 2017.

[116] Wang H C, Chiu W P, Wu S C. QoS-driven selection of web service considering group preference [J]. Computer Networks, 2015, 93: 111-124.

[117] Bi X, Yu D, Liu J, et al. A preference-based multi-objective algorithm for optimal service composition selection in cloud manufacturing [J]. International Journal of Computer Integrated Manufacturing, 2020, 33 (8): 751-768.

[118] Li T, He T, Wang Z, et al. SDF-GA: A service domain feature-oriented approach for manufacturing cloud service composition [J]. Journal of Intelligent Manufacturing, 2019, 31: 681-702.

[119] Gu J, Hu J, Zhao T, et al. A new resource scheduling strategy based on genetic algorithm in cloud computing environment [J]. Journal of Computers, 2012, 7 (1): 42-52.

[120] Zhou J, Yao X. DE-caABC: differential evolution enhanced context-aware artificial bee colony algorithm for service composition and optimal selection in cloud manufacturing [J]. International Journal of Advanced Manufacturing Technology, 2017, 90: 1085-1103.

[121] Zhou J, Yao X. Multi-population parallel self-adaptive differential artificial bee colony algorithm with application in large-scale service composition for cloud manufacturing [J]. Applied Soft Computing, 2017, 56: 379-397.

[122] Skg A, Cj B, Grg C, et al. QoS-aware cloud service composition using eagle strategy [J]. Future Generation Computer Systems, 2019, 90: 273-290.

[123] Wang H, Yang D, Yu Q, et al. Integrating modified duckoo algorithm and creditability evaluation for QoS-aware service composition [J]. Knowledge-Based Systems, 2017, 140: 64-81.

[124] Zhan S, Huo H. Improved PSO-based task scheduling algorithm in cloud computing [J]. Journal of Information and Computational Science, 2012, 9 (13): 3821-3829.

[125] Dutta D, Joshi R C. A genetic: algorithm approach to cost-based multi-QoS job scheduling in cloud computing environment [C]. Proceedings of the International Conference & Workshop on

Emerging Trends in Technology. New York, NY, USA: Association for Computing Machinery, 2011: 422-427.

[126] Yang X S. Flower pollination algorithm for global optimization [C]. Proceedings of the 11th International Conference on Unconventional Computation and Natural Computation. Berlin, Heidelberg: Springer-Verlag, 2012: 240-249.

[127] Gao Y, Zhang F, Guo Q, et al. Research on the searching performance of flower pollination algorithm with three random walks [J]. Journal of Intelligent and Fuzzy Systems, 2018, 35: 1-9.

[128] Yang X S. Firefly algorithms for multimodal optimization [C]. Stochastic Algorithms: Foundations and Applications Berlin, Heidelberg: Springer, 2009: 169-178.

[129] Yang X S. Nature-inspired metaheuristic algorithms [M]. Second edition. Beckington: Luniver Press, 2010.

[130] Shambour M D K Y, Abusnaina A A, Alsalibi A I. Modified global flower pollination algorithm and its application for optimization problems [J]. Interdisciplinary Sciences: Computational Life Sciences, 2019, 11 (3): 496-507.

[131] Liu J, Li Y. A differential evolution flower pollination algorithm with dynamic switch probability [J]. Chinese Journal of Electronics, 2019, 28 (4): 737-747.